中华人民共和国
新法规汇编

2018
第6辑

司 法 部 编

中国法制出版社

编辑说明

一、《中华人民共和国新法规汇编》是国家出版的法律、行政法规汇编正式版本，是刊登报国务院备案并予以登记的部门规章的指定出版物。

二、本汇编收集的内容包括：上一个月内由全国人民代表大会及其常务委员会通过的法律和有关法律问题的决定，国务院公布的行政法规和国务院文件，报国务院备案并予以登记的部门规章，最高人民法院和最高人民检察院公布的司法解释。另外，还收入了上一个月内报国务院备案并予以登记的地方性法规和地方政府规章目录。

三、本汇编所收的内容，按下列分类顺序编排：法律，行政法规，国务院文件，国务院部门规章，司法解释。每类中按公布的时间顺序排列。报国务院备案并予以登记的地方性法规和地方政府规章目录按 1987 年国务院批准的行政区划顺序排列；同一行政区域报备两件以上者，按公布时间顺序排列。

四、本汇编每年出版 12 辑，每月出版 1 辑。本辑为 2018 年度第 6 辑，收入 2018 年 5 月份内公布的国务院文件 16 件，报国务院备案并经审查予以登记编号的部门规章 15 件，司法解释 3 件，补收司法解释 2 件，共计 36 件。

五、本汇编在编辑出版过程中，得到了国务院有关部门和有关方面以及广大读者的大力支持和协助，在此谨致谢意。

司法部

2018 年 6 月

目　录

国务院文件

国务院部门规章

司法解释

国务院文件

国务院关于推行终身职业技能培训制度的意见

（2018年5月3日　国发〔2018〕11号）

职业技能培训是全面提升劳动者就业创业能力、缓解技能人才短缺的结构性矛盾、提高就业质量的根本举措，是适应经济高质量发展、培育经济发展新动能、推进供给侧结构性改革的内在要求，对推动大众创业万众创新、推进制造强国建设、提高全要素生产率、推动经济迈上中高端具有重要意义。为全面提高劳动者素质，促进就业创业和经济社会发展，根据党的十九大精神和“十三五”规划纲要相关要求，现就推行终身职业技能培训制度提出以下意见。

一、总体要求

（一）指导思想。

以习近平新时代中国特色社会主义思想为指导，全面深入贯彻党的十九大和十九届二中、三中全会精神，认真落实党中央、国务院决策部署，统筹推进“五位一体”总体布局和协调推进“四个全面”战略布局，坚持以人民为中心的发展思想，牢固树立新发展理念，深入实施就业优先战略和人才强国战略，适应经济转型升级、制造强国建设和劳动者就业创业需要，深化人力资源供给侧结构性改革，推行终身职业技能培训制度，大规模开展职业技能培训，着力提升培训的针对性和有效性，建设知识型、技能型、创新型劳动者大军，为全面建成社会主义现代化强国、实现中华民族伟大复兴的中国梦提供强大支撑。

（二）基本原则。

促进普惠均等。针对城乡全体劳动者，推进基本职业技能培训服务普惠性、均等化，注重服务终身，保障人人享有基本职业技能培训服务，全面提升培训质量、培训效益和群众满意度。

坚持需求导向。坚持以促进就业创业为目标，瞄准就业创业和经济社会发展需求确定培训内容，加强对就业创业重点群体的培训，提高培训后的就业创业成功率，着力缓解劳动者素质结构与经济社会发展需求不相适应、结构性就业矛盾突出的问题。

创新体制机制。推进职业技能培训市场化、社会化改革,充分发挥企业主体作用,鼓励支持社会力量参与,建立培训资源优化配置、培训载体多元发展、劳动者按需选择、政府加强监管服务的体制机制。

坚持统筹推进。加强职业技能开发和职业素质培养,全面做好技能人才培养、评价、选拔、使用、激励等工作,着力加强高技能人才队伍建设,形成有利于技能人才发展的制度体系和社会环境,促进技能振兴与发展。

(三)目标任务。

建立并推行覆盖城乡全体劳动者、贯穿劳动者学习工作终身、适应就业创业和人才成长需要以及经济社会发展需求的终身职业技能培训制度,实现培训对象普惠化、培训资源市场化、培训载体多元化、培训方式多样化、培训管理规范化,大规模开展高质量的职业技能培训,力争2020年后基本满足劳动者培训需要,努力培养造就规模宏大的高技能人才队伍和数以亿计的高素质劳动者。

二、构建终身职业技能培训体系

(四)完善终身职业技能培训政策和组织实施体系。面向城乡全体劳动者,完善从劳动预备开始,到劳动者实现就业创业并贯穿学习和职业生涯全过程的终身职业技能培训政策。以政府补贴培训、企业自主培训、市场化培训为主要供给,以公共实训机构、职业院校(含技工院校,下同)、职业培训机构和行业企业为主要载体,以就业技能培训、岗位技能提升培训和创业创新培训为主要形式,构建资源充足、布局合理、结构优化、载体多元、方式科学的培训组织实施体系。(人力资源社会保障部、教育部等按职责分工负责。列第一位者为牵头单位,下同)

(五)围绕就业创业重点群体,广泛开展就业技能培训。持续开展高校毕业生技能就业行动,增强高校毕业生适应产业发展、岗位需求和基层就业工作能力。深入实施农民工职业技能提升计划——"春潮行动",将农村转移就业人员和新生代农民工培养成为高素质技能劳动者。配合化解过剩产能职工安置工作,实施失业人员和转岗职工特别职业培训计划。实施新型职业农民培育工程和农村实用人才培训计划,全面建立职业农民制度。对城乡未继续升学的初、高中毕业生开展劳动预备制培训。对即将退役的军人开展退役前技能储备培训和职业指导,对退役军人开展就业技能培训。面向符合条件的建档立卡贫困家庭、农村"低保"家庭、困难职工家庭和残疾人,开展技能脱贫攻坚行动,实施"雨露计划"、技能脱贫千校行动、残疾人职业技能提升计划。对服刑人员、强制隔离戒毒人员,开展以顺利回归社会为目的的就业技能培训。

（人力资源社会保障部、教育部、工业和信息化部、民政部、司法部、住房城乡建设部、农业农村部、退役军人事务部、国务院国资委、国务院扶贫办、全国总工会、共青团中央、全国妇联、中国残联等按职责分工负责）

（六）充分发挥企业主体作用，全面加强企业职工岗位技能提升培训。将企业职工培训作为职业技能培训工作的重点，明确企业培训主体地位，完善激励政策，支持企业大规模开展职业技能培训，鼓励规模以上企业建立职业培训机构开展职工培训，并积极面向中小企业和社会承担培训任务，降低企业兴办职业培训机构成本，提高企业积极性。对接国民经济和社会发展中长期规划，适应高质量发展要求，推动企业健全职工培训制度，制定职工培训规划，采取岗前培训、学徒培训、在岗培训、脱产培训、业务研修、岗位练兵、技术比武、技能竞赛等方式，大幅提升职工技能水平。全面推行企业新型学徒制度，对企业新招用和转岗的技能岗位人员，通过校企合作方式，进行系统职业技能培训。发挥失业保险促进就业作用，支持符合条件的参保职工提升职业技能。健全校企合作制度，探索推进产教融合试点。（人力资源社会保障部、教育部、工业和信息化部、住房城乡建设部、国务院国资委、全国总工会等按职责分工负责）

（七）适应产业转型升级需要，着力加强高技能人才培训。面向经济社会发展急需紧缺职业（工种），大力开展高技能人才培训，增加高技能人才供给。深入实施国家高技能人才振兴计划，紧密结合战略性新兴产业、先进制造业、现代服务业等发展需求，开展技师、高级技师培训。对重点关键岗位的高技能人才，通过开展新知识、新技术、新工艺等方面培训以及技术研修攻关等方式，进一步提高他们的专业知识水平、解决实际问题能力和创新创造能力。支持高技能领军人才更多参与国家科研项目。发挥高技能领军人才在带徒传技、技能推广等方面的重要作用。（人力资源社会保障部、教育部、工业和信息化部、住房城乡建设部、国务院国资委、全国总工会等按职责分工负责）

（八）大力推进创业创新培训。组织有创业意愿和培训需求的人员参加创业创新培训。以高等学校和职业院校毕业生、科技人员、留学回国人员、退役军人、农村转移就业和返乡下乡创业人员、失业人员和转岗职工等群体为重点，依托高等学校、职业院校、职业培训机构、创业培训（实训）中心、创业孵化基地、众创空间、网络平台等，开展创业意识教育、创新素质培养、创业项目指导、开业指导、企业经营管理等培训，提升创业创新能力。健全以政策支持、项目评定、孵化实训、科技金融、创业服务为主要内容的创业创新支持体系，将高等学校、职业院校学生在校期间开展的“试创业”实践活动纳入政策支持范围。发挥技能大师工作室、劳模和职工创新工作室作用，开展集智创新、技术攻关、技能研修、技艺传承等群众性技术创新活动，做好创新成果总结命名推广工作，加大对劳动者创业创新的扶持力度。（人力资源社会保障部、教育部、科技部、工业和信息化部、住房城乡建设部、农业农村部、退役军人事务部、国务院国资委、国务院扶贫办、全国总工会、共青团中央、全国妇联、中国残联等按职责分工负责）

（九）强化工匠精神和职业素质培育。大力弘扬和培育工匠精神，坚持工学结合、知行合一、德技并修，完善激励机制，增强劳动者对职业理念、职业责任和职业使命的认识与理解，提高劳动者践行工匠精神的自觉性和主动性。广泛开展“大国工匠进校园”活动。加强职业素质培育，将职业道德、质量意识、法律意识、安全环保和健康卫生等要求贯穿职业培训全过程。（人力资源社会保障部、教育部、科技部、工业和信息化部、住房城乡建设部、国务院国资委、国家市场监督管理总局、全国总工会、共青团中央等按职责分工负责）

三、深化职业技能培训体制机制改革

（十）建立职业技能培训市场化社会化发展机制。加大政府、企业、社会等各类培训资源优化整合力度，提高培训供给能力。广泛发动社会力量，大力发展民办职业技能培训。鼓励企业建设培训中心、职业院校、企业大学，开展职业训练院试点工作，为社会培育更多高技能人才。鼓励支持社会组织积极参与行业人才需求发布、就业状况分析、培训指导等工作。政府补贴的职业技能培训项目全部向具备资质的职业院校和培训机构开放。（人力资源社会保障部、教育部、工业和信息化部、民政部、国家市场监督管理总局、全国总工会等按职责分工负责）

（十一）建立技能人才多元评价机制。健全以职业能力为导向、以工作业绩为重点、注重工匠精神培育和职业道德养成的技能人才评价体系。建立与国家职业资格制度相衔接、与终身职业技能培训制度相适应的职业技能等级制度。完善职业资格评价、职业技能等级认定、专项职业能力考核等多元化评价方式，促进评价结果有机衔接。健全技能人才评价管理服务体系，加强对评价质量的监管。建立以企业岗位练兵和技术比武为基础、以国家和行业竞赛为主体、国内竞赛与国际竞赛相衔接的职业技能竞赛体系，大力组织开展职业技能竞赛活动，积极参与世界技能大赛，拓展技能人才评价选拔渠道。（人力资源社会保障部、教育部、工业和信息化部、住房城乡建设部、国务院国资委、全国总工会、共青团中央、中国残联等按职责分工负责）

（十二）建立职业技能培训质量评估监管机制。对职业技能培训公共服务项目实施目录清单管理，制定政府补贴培训目录、培训机构目录、鉴定评价机构目录、职业资格目录，及时向社会公开并实行动态调整。建立以培训合格率、就业创业成功率为重点的培训绩效评估体系，对培训机构、培训过程进行全方位监管。结合国家"金保工程"二期,建立基于互联网的职业技能培训公共服务平台,提升技能培训和鉴定评价信息化水平。探索建立劳动者职业技能培训电子档案,实现培训信息与就业、社会保障信息联通共享。(人力资源社会保障部、财政部等按职责分工负责)

(十三)建立技能提升多渠道激励机制。支持劳动者凭技能提升待遇,建立健全技能人才培养、评价、使用、待遇相统一的激励机制。指导企业不唯学历和资历,建立基于岗位价值、能力素质、业绩贡献的工资分配机制,强化技能价值激励导向。制定企业技术工人技能要素和创新成果按贡献参与分配的办法,推动技术工人享受促进科技成果转化的有关政策,鼓励企业对高技能人才实行技术创新成果入股、岗位分红和股权期权等激励方式,鼓励凭技能创造财富、增加收入。落实技能人才积分落户、岗位聘任、职务职级晋升、参与职称评审、学习进修等政策。支持用人单位对聘用的高级工、技师、高级技师,比照相应层级工程技术人员确定其待遇。完善以国家奖励为导向、用人单位奖励为主体、社会奖励为补充的技能人才表彰奖励制度。(人力资源社会保障部、教育部、工业和信息化部、公安部、国务院国资委、国家公务员局等按职责分工负责)

四、提升职业技能培训基础能力

(十四)加强职业技能培训服务能力建设。推进职业技能培训公共服务体系建设,为劳动者提供市场供求信息咨询服务,引导培训机构按市场和产业发展需求设立培训项目,引导劳动者按需自主选择培训项目。推进培训内容和方式创新,鼓励开展新产业、新技术、新业态培训,大力推广"互联网+职业培训"模式,推动云计算、大数据、移动智能终端等信息网络技术在职业技能培训领域的应用,提高培训便利度和可及性。(人力资源社会保障部、国家发展改革委等按职责分工负责)

(十五)加强职业技能培训教学资源建设。紧跟新技术、新职业发展变化,建立职业分类动态调整机制,加快职业标准开发工作。建立国家基本职业培训包制度,促进职业技能培训规范化发展。支持弹性学习,建立学习成果积累和转换制度,促进职业技能培训与学历教育沟通衔接。实行专兼职教师制度,完善教师在职培训和企业实践制度,职业院校和培训机构可根据需要和条件自主招用企业技能人才任教。大力开展校长等管理人员培训和师资培训。发挥院校、行业企业作用,加强职业技能培训教材开发,提高教材质量,规范教材使用。(人力资源社会保障部、教育部等按职责分工负责)

(十六)加强职业技能培训基础平台建设。推进高技能人才培训基地、技能大师工作室建设,建成一批高技能人才培养培训、技能交流传承基地。加强公共实训基地、职业农民培育基地和创业孵化基地建设,逐步形成覆盖全国的技能实训和创业实训网络。对接世界技能大赛标准,加强竞赛集训基地建设,提升我国职业技能竞赛整体水平和青年技能人才培养质量。积极参与走出去战略和“一带一路”建设中的技能合作与交流。(人力资源社会保障部、国家发展改革委、教育部、科技部、工业和信息化部、财政部、农业农村部、商务部、国务院国资委、国家国际发展合作署等按职责分工负责)

五、保障措施

(十七)加强组织领导。地方各级人民政府要按照党中央、国务院的总体要求,把推行终身职业技能培训制度作为推进供给侧结构性改革的重要任务,根据经济社会发展、促进就业和人才发展总体规划,制定中长期职业技能培训规划并大力组织实施,推进政策落实。要建立政府统一领导,人力资源社会保障部门统筹协调,相关部门各司其职、密切配合,有关人民团体和社会组织广泛参与的工作机制,不断加大职业技能培训工作力度。(人力资源社会保障部等部门、单位和各省级人民政府按职责分工负责)

(十八)做好公共财政保障。地方各级人民政府要加大投入力度,落实职业技能培训补贴政策,发挥好政府资金的引导和撬动作用。合理调整就业补助资金支出结构,保障培训补贴资金落实到位。加大对用于职业技能培训各项补贴资金的整合力度,提高使用效益。完善经费补贴拨付流程,简化程序,提高效率。要规范财政资金管理,依法加强对培训补贴资金的监督,防止骗取、挪用,保障资金安全和效益。有条件的地区可安排经费,对职业技能培训教材开发、新职业研究、职业技能标准开发、师资培训、职业技能竞赛、评选表彰等基础工作给予支持。(人力资源社会保障部、教育部、财政部、审计署等按职责分工负责)

(十九)多渠道筹集经费。加大职业技能培训经费保障,建立政府、企业、社会多元投入机制,通过就业补助资金、企业职工教育培训经费、社会捐助赞助、劳动者个人缴费等多种渠道筹集培训资金。通过公益性社会团体或者县级以上人民政府及其部门用于职业教育的捐赠,依照税法相关规定在税前扣除。鼓励社会捐助、赞助职业技能竞赛活动。(人力资源社会保障部、教育部、工业和信息化部、民政部、财政部、国务院国资委、税务总局、全国总工会等按职责分工负责)

(二十)进一步优化社会环境。加强职业技能培训政策宣传,创新宣传方式,提升社会影响力和公众知晓度。积极开展技能展示交流,组织开展好职业教育活动周、世界青年技能日、技能中国行等活动,宣传校企合作、技能竞赛、技艺传承等成果,提高职业技能培训吸引力。大力宣传优秀技能人才先进事迹，大力营造劳动光荣的社会风尚和精益求精的敬业风气。（人力资源社会保障部、教育部、全国总工会、共青团中央等按职责分工负责）

国务院关于做好自由贸易试验区第四批改革试点经验复制推广工作的通知

（2018年5月3日　国发〔2018〕12号）

建设自由贸易试验区（以下简称自贸试验区）是党中央、国务院在新形势下全面深化改革和扩大开放的战略举措。按照党中央、国务院部署，11个自贸试验区所在省市和有关部门结合各自贸试验区功能定位和特色特点，全力推进制度创新实践，形成了自贸试验区第四批改革试点经验，将在全国范围内复制推广。现将有关事项通知如下：

一、复制推广的主要内容

（一）在全国范围内复制推广的改革事项。

1. 服务业开放领域："扩大内地与港澳合伙型联营律师事务所设立范围"、"国际船舶运输领域扩大开放"、"国际船舶管理领域扩大开放"、"国际船舶代理领域扩大开放"、"国际海运货物装卸、国际海运集装箱场站和堆场业务扩大开放"等5项。

2. 投资管理领域："船舶证书'三合一'并联办理"、"国际船舶登记制度创新"、"对外贸易经营者备案和原产地企业备案'两证合一'"、"低风险生物医药特殊物品行政许可审批改革"、"一般纳税人登记网上办理"、"工业产品生产许可证'一企一证'改革"等6项。

3. 贸易便利化领域："跨部门一次性联合检查"、"保税燃料油供应服务船舶准入管理新模式"、"先放行、后改单作业模式"、"铁路运输方式舱单归并新模式"、"海运进境集装箱空箱检验检疫便利化措施"、"入境大宗工业品联动检验检疫新模式"、"国际航行船舶供水'开放式申报+验证式监管'"、"进境保税金属矿产品检验监管制度"、"外锚地保税燃料油受油船舶'申报无疫放行'制度"等9项。

4. 事中事后监管措施："企业送达信息共享机制"、"边检服务掌上直通车"、"简化外锚地保税燃料油加注船舶入出境手续"、"国内航行内河船舶进出港管理新模式"、"外锚地保税燃料油受油船舶便利化海事监管模式"、"保税燃料油供油企业信用监管新模式"、"海关企业注册及电子口岸入网全程无纸化”等7项。

（二）在特定区域复制推广的改革事项。

1. 在海关特殊监管区域复制推广：“海关特殊监管区域‘四自一简’监管创新”、“‘保税混矿’监管创新”等2项。

2. 在海关特殊监管区域及保税物流中心（B型）复制推广：“先出区、后报关”。

二、高度重视复制推广工作

各地区、各部门要以习近平新时代中国特色社会主义思想为指导，全面贯彻党的十九大精神，深刻认识复制推广自贸试验区改革试点经验的重大意义，将复制推广工作作为贯彻新发展理念、推动高质量发展、建设现代化经济体系的重要举措，更大力度转变政府职能，全面提升治理能力现代化水平，着力推动制度创新，进一步优化营商环境，激发市场活力，逐步构建与我国开放型经济发展要求相适应的新体制、新模式，推动形成全面开放新格局，不断增强经济创新力和竞争力。

三、切实做好组织实施

各省（自治区、直辖市）人民政府要将自贸试验区改革试点经验复制推广工作列为本地区重点工作，加强组织领导，加大实施力度，强化督促检查，确保复制推广工作顺利推进，改革试点经验落地生根、取得实效。国务院各有关部门要主动作为，做好细化分解，完成复制推广工作。需报国务院批准的事项要按程序报批，需调整有关行政法规、国务院文件和部门规章规定的，要按法定程序办理。国务院自由贸易试验区工作部际联席会议办公室要适时督查复制推广工作进展和成效，协调解决复制推广工作中的重点和难点问题。复制推广工作中遇到的重大问题，要及时报告国务院。

附件：自由贸易试验区第四批改革试点经验复制推广工作任务分工表

附件

自由贸易试验区第四批改革试点经验复制推广工作任务分工表

序号	改革事项	负责单位	推广范围
1	企业送达信息共享机制	最高人民法院、国家市场监督管理总局	全国
2	边检服务掌上直通车	公安部	全国
3	简化外锚地保税燃料油加注船舶入出境手续	公安部	全国
4	扩大内地与港澳合伙型联营律师事务所设立范围	司法部	全国
5	船舶证书“三合一”并联办理	交通运输部	全国
6	国内航行内河船舶进出港管理新模式	交通运输部	全国
7	外锚地保税燃料油受油船舶便利化海事监管模式	交通运输部	全国
8	保税燃料油供油企业信用监管新模式	交通运输部	全国
9	保税燃料油供应服务船舶准入管理新模式	交通运输部	全国
10	国际船舶运输领域扩大开放	交通运输部	全国
11	国际船舶管理领域扩大开放	交通运输部	全国
12	国际船舶代理领域扩大开放	交通运输部	全国
13	国际海运货物装卸、国际海运集装箱场站和堆场业务扩大开放	交通运输部	全国
14	国际船舶登记制度创新	交通运输部	全国
15	对外贸易经营者备案和原产地企业备案“两证合一”	商务部、海关总署、中国贸促会	全国
16	跨部门一次性联合检查	海关总署	全国
17	海关企业注册及电子口岸入网全程无纸化	海关总署	全国
18	先放行、后改单作业模式	海关总署	全国
19	铁路运输方式舱单归并新模式	海关总署	全国
20	低风险生物医药特殊物品行政许可审批改革	海关总署	全国
21	海运进境集装箱空箱检验检疫便利化措施	海关总署	全国
22	入境大宗工业品联动检验检疫新模式	海关总署	全国
23	国际航行船舶供水“开放式申报 + 验证式监管”	海关总署	全国

续表

序号	改革事项	负责单位	推广范围
24	进境保税金属矿产品检验监管制度	海关总署	全国
25	外锚地保税燃料油受油船舶“申报无疫放行”制度	海关总署	全国
26	海关特殊监管区域“四自一简”监管创新	海关总署	全国海关特殊监管区域
27	先出区、后报关	海关总署	全国海关特殊监管区域及保税物流中心（B型）
28	“保税混矿”监管创新	海关总署	全国海关特殊监管区域
29	一般纳税人登记网上办理	税务总局	全国
30	工业产品生产许可证“一企一证”改革	国家市场监督管理总局	全国

国务院关于印发进一步深化中国(广东)自由贸易试验区改革开放方案的通知

(2018年5月4日　国发〔2018〕13号)

现将《进一步深化中国(广东)自由贸易试验区改革开放方案》印发给你们,请认真贯彻执行。

进一步深化中国(广东)自由贸易试验区改革开放方案

建设自由贸易试验区是党中央、国务院在新形势下全面深化改革和扩大开放的战略举措。中国(广东)自由贸易试验区(以下简称自贸试验区)运行以来,建设取得阶段性成果,总体达到预期目标。为贯彻落实党中央、国务院决策部署,进一步深化自贸试验区改革开放,支持香港、澳门融入国家发展大局,制定本方案。

一、总体要求

(一)指导思想。高举中国特色社会主义伟大旗帜,全面贯彻党的十九大精神,以习近平新时代中国特色社会主义思想为指导,贯彻落实党中央、国务院决策部署,统筹推进"五位一体"总体布局和协调推进"四个全面"战略布局,坚持稳中求进工作总基调,坚定践行新发展理念,坚持以供给侧结构性改革为主线,以制度创新为核心,以风险防控为底线,继续解放思想、先行先试,对标国际先进规则,赋予自贸试验区更大改革自主权,以开放促改革、促发展、促创新,推动形成全面开放新格局。更加注重系统集成,加大压力测试,切实有效防控风险,探索更高水平的对外开放和更深层次的改革创新,率先构建开放型经济新体制,形成经济转型发展新动能和国际竞争新优势,推动提升我国参与全球经济治理的影响力和话语权。

(二)建设目标。到2020年,率先对标国际投资和贸易通行规则,建立与国际航运枢纽、国际贸易中心和金融业对外开放试验示范窗口相适应的制度体系,打造开放型经济新体制先行区、高水平对外开放门户枢纽和粤港澳大湾区合作示范区。强化自贸试验区同广东省改革的联动，各项改革试点任务具备条件的在珠江三角洲地区全面实施，或在广东省推广试验。

二、对标国际先进规则，建设开放型经济新体制先行区

（三）进一步转变政府职能。依法将下放至地级及以上城市的省级管理权限下放至自贸试验区。深化商事制度改革，开展“证照分离”改革试点。健全事中事后监管体系，完善国家企业信用信息公示系统和公共信用信息平台，建立中央与地方信息共享机制。深入推进“互联网+政务服务”，推动企业专属网页与各级政府部门系统对接，优化信息互联共享的政府服务体系。进一步推进法定机构改革，探索经济管理的市场化运作模式。

（四）建立更加开放透明的市场准入管理模式。进一步完善外商投资准入前国民待遇加负面清单管理制度，大幅度放宽市场准入，扩大服务业对外开放，提高自贸试验区外商投资负面清单开放度和透明度，着力构建与负面清单管理方式相适应的事中事后监管制度。除特殊领域外，取消对外商投资企业经营期限的特别管理要求。对于符合条件的外资创业投资企业和股权投资企业开展境内投资项目，探索实施管理新模式。清理和取消资质资格获取、招投标、权益保护等方面的差别化待遇，实现各类市场主体依法平等准入相关行业、领域和业务。

（五）进一步提升贸易便利化水平。加快建设具有国际先进水平的中国（广东）国际贸易“单一窗口”。实现与国家层面“单一窗口”标准规范融合对接。探索推动将国际贸易“单一窗口”拓展至技术贸易、服务外包、维修服务等服务贸易领域，待条件成熟后逐步将服务贸易出口退（免）税申报纳入“单一窗口”管理。推进进出口产品质量溯源体系建设，拓展可追溯商品种类。扩大第三方检验结果采信商品和机构范围。拓展货物暂准进口单证册制度适用范围，延长单证册的有效期。创新出口货物专利纠纷担保放行方式。公布货物平均放行时间，进一步压缩进出口商品和跨境邮件、快件放行时间。在符合监管要求的前提下，支持大型快递企业设立快件中心，支持邮政快递企业跨境电子商务渠道建设。

（六）创新贸易综合监管模式。深入实施货物状态分类监管，研究将试点从物流仓储企业扩大到符合条件的贸易、生产加工企业，具备条件时，在广东省其他符合条件的海关特殊监管区域推广实施。试点开展高技术含量、高附加值项目境内外检测维修和再制造业务。在风险可控前提下，积极探索开展数控机床、工程设备、通信设备等进口再制造，创新维修监管模式，开展外籍邮轮船舶维修业务。取消平行进口汽车保税仓储业务时限，完善平行进口汽车审价机制，推动试点企业适用预审价、汇总征税等通关便利化措施。在符合相关监管政策的前提下，支持跨境电子商务保税备货业务商品进入海关特殊监管区域时先理货后报关。试点实施进口非特殊用途化妆品备案管理，管理权限下放至广东省。允许自贸试验区内医疗器械注册申请人委托广东省医疗器械生产企业生产产品。优化生物医药全球协同研发的试验用生物材料和特殊物品的检疫查验流程。

（七）健全金融创新发展和监管体制。积极有序实施《中国人民银行关于金融支持中国（广东）自由贸易试验区建设的指导意见》。推动建立与自贸试验区改革开放相适应的账户管理体系。支持符合条件的中外资金融机构深化股权和业务合作。构建金融业综合统计体系，加强金融信用信息基础设施建设。探索在前海蛇口片区开展金融综合监管试点，在依法合规的前提下，实施以合作监管与协调监管为支撑的综合监管。地方政府要在坚持金融管理主要是中央事权的前提下，按照中央统一规则，强化属地风险处置责任。健全金融监管体系，守住不发生系统性金融风险的底线。完善跨境资金监控体制机制，强化反洗钱、反恐怖融资、反逃税工作，及时发现跨境洗钱和恐怖融资风险，防范利用跨境贸易从事洗钱犯罪活动。

（八）完善知识产权保护和运用体系。推进知识产权综合执法，建立跨部门、跨区域的知识产权案件移送、信息通报、配合调查等机制。建立包含行政执法、仲裁、调解等在内的多元化知识产权争端解决与维权援助机制，探索建立自贸试验区重点产业知识产权快速维权机制。探索互联网、电子商务、大数据等领域的知识产权保护规则。探索建立公允的知识产权评估机制，完善知识产权质押登记制度、知识产权质押融资风险分担机制以及方便快捷的质物处置机制，为扩大以知识产权质押为基础的融资提供支持。建立专利导航产业发展工作机制。深化完善有利于激励创新的知识产权归属制度。

（九）建设公正廉洁的法治环境。进一步推动在民商事等重点领域和关键环节改革的配套立法。完善港澳陪审员制度。扩大合伙联营律师事务所业务范围，支持外国法律查明中心发展。推进"诉调对接"、"调仲对接"，建立公正高效便捷的经贸纠纷解决机制，加强商事法律综合服务。推进廉洁示范区建设，建立派驻、巡视巡察、执纪审查、审计监督一体化监督体系，实现对重点领域、重要岗位、重大工程项目、重大资金使用、公共资源交易廉政风险防控的全覆盖。完善激励保障和容错纠错机制。

（十）推动人才管理改革。探索将有关境外人才省级管理权限赋予自贸试验区。开展外国高层次人才服务"一卡通"试点，建立安居保障、子女入学和医疗保健服务通道。创新人力资本入股办法，鼓励企业实施股权分红激励措施。鼓励地方政府设立高层次人才创业引导基金。高层次人才创办科技型企业申请科研项目,符合条件的纳入财政科研资金支持范围。支持在自贸试验区内工作的高层次人才享受快速通关便利。营造有利于人才集聚的制度环境、人文环境和生活环境,促进创新驱动发展。

(十一)维护劳动者合法权益。推进劳动保障监察综合行政执法,强化以随机抽查为基础的日常监管,健全分类监管机制。加强最低工资、工时、职业安全与卫生及工作条件方面的政策研究与执法。完善工资支付保障制度,完善劳动关系矛盾风险预警防范体系。全面推行企业劳动保障监察守法诚信等级评价制度,实现评价信息的归集与共享,对严重失信的用人单位实施联合惩戒。

(十二)加强环境保护。创新环境保护管理制度,实施企业环保承诺制,探索分类管理、同类简化、试行备案的建设项目环评管理模式,建立环境保护联防联控协作机制。探索开展出口产品低碳认证。推进海洋生态文明和海绵城市建设。

三、争创国际经济合作竞争新优势,打造高水平对外开放门户枢纽

(十三)建设国际航运枢纽。扩大对21世纪海上丝绸之路沿线国家和地区港口的投资,打造全球港口链。完善集疏运体系,推动广州南沙港铁路建设,优化公路、铁路、海运、内河航运多种运输方式的衔接,构建公铁海河多式联运网络。加密通达世界各大港口的货运航线,重点增加欧美远洋航线。促进与21世纪海上丝绸之路沿线国家和地区港口的合作对接。畅通与香港之间的物流大通道,创新与香港港口的通关模式,发展海空联运中转业务,建立与香港机场的快件海空联运、铁空联运通道。推动港口与航运、铁路、公路、货代、仓储等上下游企业之间以及与口岸联检部门之间的物流信息互通共享。

打造高端航运服务集聚区。促进国际中转、中转集拼、甩挂运输、沿海捎带业务发展,建设国际中转中心。深化国际船舶登记制度创新,推动国际船舶登记配套制度改革。逐步形成专业化第三方船舶管理市场。支持具备相关资质的船舶供油企业开展国际航行船舶保税油供应业务,建设华南国际航行船舶保税油供应基地。大力推动邮轮旅游发展,试点实施国际邮轮入境外国旅游团15天免签政策。深入推进粤港澳游艇自由行,进一步提升游艇通关便利化水平。鼓励社会资本设立海洋产业基金。推动成立航运保险领域社会组织。

(十四)建设国际贸易中心。推动建立统筹国内和国际市场、空港和海港资源、在岸和离岸业务、货物贸易和服务贸易的全球供应链核心枢纽。推动跨国公司在自贸试验区设立全球或地区总部,鼓励金融、物流、信息、会展、科技研发、商品和要素交易等专业化服务企业设立国际业务总部、窗口企业和涉外

专业服务机构。进一步支持转口贸易、离岸贸易、维修检测、研发设计等国际业务规范快速发展，促进国际贸易新业态发展，制定并完善跨境电子商务、汽车平行进口、融资租赁等业态的配套监管制度。支持在珠海设立跨境电子商务综合试验区。探索适应商业保理发展的外汇管理模式，发展国际保理业务。积极发展中医药服务贸易。

创新跨境服务贸易管理。在风险可控的前提下，发展通过信息通讯网络提供跨境服务的模式，在专业服务领域率先试点服务贸易跨境交付，探索兼顾安全和效率的数字产品贸易监管模式。支持服务贸易合法资金跨境收付。探索完善服务贸易统计体系，建立服务贸易监测制度。在符合税制改革和国际惯例，以及不导致利润转移和税基侵蚀的前提下，基于真实贸易和服务背景，结合服务贸易创新发展试点工作，研究探索服务贸易创新发展试点扩围的税收政策安排。

（十五）建设金融业对外开放试验示范窗口。积极吸引各类国内外总部机构和大型企业集团设立结算中心。支持深圳证券交易所加强同其他金砖国家交易所的合作。继续研究设立以碳排放为首个交易品种的创新型期货交易所。依托自贸试验区现有金融资产交易平台，依法合规开展相关业务，逐步提高境外投资者参与境内要素平台交易的便利化水平。大力发展海外投资保险、出口信用保险、货物运输保险、工程建设保险等业务。在有效防范风险的前提下，探索建立与港澳地区资金互通、市场互联的机制。深化与港澳及国际再保险市场合作，完善再保险产业链，建设区域性再保险中心。

发展科技金融。按照国务院统一部署，支持自贸试验区积极争取纳入投贷联动试点，促进创新创业。建设广东区域性股权市场，根据资本市场对外开放进程，适时引进港澳及国际投资机构参与交易。大力发展金融科技，在依法合规前提下，加快区块链、大数据技术的研究和运用。

四、开拓协调发展新领域，打造粤港澳大湾区合作示范区

（十六）促进粤港澳经济深度合作。充分发挥自贸试验区全面推进内地同香港、澳门互利合作的示范引领带动作用，以粤港澳大湾区建设、粤港澳合作、泛珠三角区域合作等为重点，加快建设粤港澳大湾区国际航运、国际金融、国际科技创新的重要承载区，打造与港澳营商环境对接、经济发展协同的合作体系。进一步推动粤港澳职业资格互认试点工作。在条件成熟时，在珠澳口岸实行“合作查验、一次放行”和“入境查验、出境监控”的查验通关模式。推进广州南沙粤港深度合作区先行区、粤澳产业园、粤澳信息港、广东海洋经济综合示范区和横琴国际休闲旅游岛等重大项目建设。积极引进港澳高端服务业和高层次人才。

（十七）深入推进粤港澳服务贸易自由化。推动在内地与香港、内地与澳门《关于建立更紧密经贸关系的安排》框架下对港澳在金融、法律、建筑、航运等领域进一步开放。拓展金融 IC 卡和移动金融在自贸试验区公共服务领域的应用，为粤港澳居民跨境往来提供便捷的支付服务。研究推进在自贸试验区工作的港澳金融专业人士通过培训测试的方式申请获得内地从业资格，其在港澳的从业经历可视同内地从业经历。允许自贸试验区内港澳与内地合伙联营律师事务所的内地律师受理、承办内地法律适用的行政诉讼法律事务。允许自贸试验区内港澳与内地合伙联营律师事务所以本所名义聘用港澳律师。研究在建设领域（包括规划、工程咨询、设计、测量和建造等）取得香港执业资格的专业人士在自贸试验区港商独资或控股的开发建设项目直接执业或开办工程技术服务有关企业的模式；允许港商独资或控股的开发建设项目试点采用香港工程建设管理模式；支持自贸试验区探索制定香港规划、建筑、设计、测量、工程、园境等顾问公司和工程承建商在自贸试验区注册成立公司或提供服务的准入标准和业务范围界定标准，以及香港企业参与自贸试验区内项目投标的资格条件。将自贸试验区内港澳航线作为国内特殊航线管理。

（十八）创新粤港澳科技合作机制。加强与珠三角国家自主创新示范区联动发展。推动与港澳在科技金融、技术研发和转化、知识产权保护和运用、人才引进和培养、科技园建设和运营方面的交流与合作。实施粤港澳科技创新合作发展计划和粤港澳联合创新资助计划。推动成立促进粤港澳产学研创新的社会组织。推动地方创新券和科研经费跨粤港澳三地使用。建设粤港澳产业发展数据库、技术路线图数据库、创新主体信息数据库和高端人才信息数据库，整合、发布粤港澳创新资源和科技合作供需信息。支持香港纳米科技及先进材料、资讯及通讯技术、物流及供应链管理应用技术等研发中心，以及国家科技兴海产业示范基地等落户自贸试验区。按照《国家实验室组建方案（试行）》，坚持高标准、高水平、突出重点，推动海洋科学领域广东省实验室建设发展。支持粤港澳共建国家级科技成果孵化基地和科技企业孵化器，促进港澳及国际研究机构的先进技术成果向内地转移转化。

（十九）建设粤港澳青年创新创业合作示范基地。推进南沙粤港澳（国际）青年创新工场、前海深港青年梦工场、横琴澳门青年创业谷等粤港澳青年创新创业平台建设。推动创新创业基地与粤港澳地区的天使基金、私募基金、融资担保公司、证券公司等机构合作，按照市场化原则设立粤港澳青年发展基金、创业引导基金、创业导师基金等。为港澳青年创业投资企业提供直通车服务，开通港澳中小企业专属网页，提供免费注册地址、办公场地、便利化商事登记等服务。

（二十）携手港澳参与“一带一路”建设。与港澳共同完善企业参与“一带一路”建设的服务和促进体系。完善境外投资项目和境外投资开办企业的管理模式。建设企业“走出去”综合服务平台，为企业对外投资提供投资备案、金融、会计、法律、安全预警等服务。支持粤港澳机构（银行机构除外）合作设立人民币海外投贷基金，为企业“走出去”开展投资、并购提供投融资服务。推动成立服务“一带一路”建设的法律类社会组织，加快推进“一带一路”法治地图建设。充分利用国际商事法庭等“一带一路”争端解决机制和机构，公正高效化解纠纷，营造良好营商环境。主动对接与“一带一路”沿线国家和地区的合作项目，完善“前港、中园、后城”的合作模式。与“一带一路”沿线国家和地区自由贸易园区在投资、贸易、金融等方面开展功能对接。加强对“一带一路”沿线国家和地区技术性贸易措施与标准的研究，探索与“一带一路”沿线国家和地区自由贸易园区口岸在认证认可、标准计量、检验检测等方面开展多双边合作交流。

五、抓好工作落实

加强组织实施，在国务院自由贸易试验区工作部际联席会议统筹协调下，充分发挥地方和部门积极性，抓好改革举措的落实；各部门要大力支持，及时制定实施细则或办法，加强指导和服务；广东省要把握基本定位，强化使命担当，完善工作机制，系统推进改革试点任务落实。强化法制保障，自贸试验区需要暂时调整实施有关法律、行政法规、经国务院批准的部门规章和国务院文件的部分规定的，按规定程序办理。及时评估推广，加快形成系统性改革经验，实施分类审查程序后复制推广至全国其他地区。重大事项要及时向党中央、国务院请示报告。

国务院关于印发进一步深化中国（天津）自由贸易试验区改革开放方案的通知

（2018 年 5 月 4 日　国发〔2018〕14 号）

现将《进一步深化中国（天津）自由贸易试验区改革开放方案》印发给你们，请认真贯彻执行。

进一步深化中国(天津)自由贸易试验区改革开放方案

建设自由贸易试验区是党中央、国务院在新形势下全面深化改革和扩大开放的战略举措。中国(天津)自由贸易试验区(以下简称自贸试验区)运行以来,建设取得阶段性成果,总体达到预期目标。为贯彻落实党中央、国务院决策部署,进一步深化自贸试验区改革开放,深入推动京津冀协同发展,制定本方案。

一、总体要求

(一)指导思想。高举中国特色社会主义伟大旗帜,全面贯彻党的十九大精神,以习近平新时代中国特色社会主义思想为指导,贯彻落实党中央、国务院决策部署,统筹推进"五位一体"总体布局和协调推进"四个全面"战略布局,坚持稳中求进工作总基调,坚定践行新发展理念,坚持以供给侧结构性改革为主线,以制度创新为核心,以风险防控为底线,继续解放思想、先行先试,对标国际先进规则,赋予自贸试验区更大改革自主权,以开放促改革、促发展、促创新,推动形成全面开放新格局。在更广领域和更高层次探索全面深化改革、扩大开放的新路径、新模式,进一步厘清政府与市场的关系,着力构建与国际接轨的高标准投资贸易规则体系,严守风险防控底线,努力将自贸试验区打造成为服务"一带一路"建设和京津冀协同发展的高水平对外开放平台,取得更多可复制可推广的制度创新成果。

(二)建设目标。到 2020 年,率先建立同国际投资和贸易通行规则相衔接的制度体系,形成法治化、国际化、便利化营商环境,努力构筑开放型经济新体制,增创国际竞争新优势,建设京津冀协同发展示范区。强化自贸试验区改革与天津市改革的联动,各项改革试点任务具备条件的在滨海新区范围内全面实施,或在天津市推广试验。

二、对标国际先进规则,构筑开放型经济新体制

(三)深入推进行政审批职能与流程优化。开展"证照分离"改革试点。精简投资项目准入手续,探索建立"多评合一、统一评审"新模式。简化整合投资项目报建手续,探索实行先建后验管理模式。实行建设项目联合验收,实现"一口受理"、"两验终验",推行"函证结合"、"容缺后补"等改革。探索实行"一址多证"。探索实施生产许可"一企一证"。推动实现统一社会信用代码在各许可管理环节的"一码贯通"。全面推进行政审批和行政服务标准化。实施全程电子化登记和电子营业执照管理。随增值税、消费税附征的城市维护建设税、教育费附加免于零申报。将国际快递业务(代理)经营许可审批事项下放至天津市邮政管理局。

(四)建立更加开放透明的市场准入管理模式。进一步完善外商投资准入前国民待遇加负面清单管理制度,大幅度放宽市场准入,扩大服务业对外开放,提高自贸试验区外商投资负面清单开放度和透明度,着力构建与负面清单管理方式相适应的事中事后监管制度。除特殊领域外,取消对外商投资企业经营期限的特别管理要求。推动衔接准入后管理措施,实施公平竞争审查制度,清理和取消资质资格获取、招投标、权益保护等方面的差别化待遇,实现各类市场主体依法平等准入相关行业、领域和业务。

(五)进一步深化金融开放和监管创新。积极有序实施《中国人民银行关于金融支持中国(天津)自由贸易试验区建设的指导意见》。鼓励符合条件的银行机构在依法合规和有效控制风险的前提下继续发展离岸金融业务。发布银行业市场准入报告类事项监管清单,统一规范中外资银行报告类事项监管要求。在依法合规条件下,允许外资金融机构在自贸试验区设立外资银行,允许民营资本与外资金融机构在自贸试验区共同设立中外合资银行。支持自贸试验区内符合互认条件的基金产品参与内地与香港基金产品互认。支持私募股权投资基金开展跨境投融资业务。探索知识产权证券化业务。健全金融监管体系,守住不发生系统性金融风险的底线。完善跨境资金监控体制机制,强化反洗钱、反恐怖融资、反逃税工作,及时发现跨境洗钱和恐怖融资风险,防范利用跨境贸易从事洗钱犯罪活动。探索在滨海新区中心商务片区开展金融综合监管试点,依法合规开展以小额贷款、私募基金、担保、资产管理等为重点,以合作监管与协调监管为支撑的金融综合监管改革。地方政府要在坚持金融管理主要是中央事权的前提下,按照中央统一规则,强化属地风险处置责任。

(六)建成高水平的国际贸易"单一窗口"。借鉴联合国国际贸易"单一窗口"标准,实施贸易数据协同、简化和标准化。探索推动将中国(天津)国际贸易"单一窗口"覆盖领域拓展至技术贸易、服务外包、维修服务等服务贸易领域。待条件成熟后逐步将出口退(免)税申报纳入"单一窗口"管理。最大限度实现覆盖船舶抵离、港口作业、货物通关等口岸作业各环节的全程无纸化,推进贸易领域证书证明电子化管理。实现与国家层面"单一窗口"标准规范融合对接,加强数据衔接和协同监管。推进企业信用等级信息跨部门共享。推进"单一窗口"与"一带一路"沿线国家和地区口岸信息互换和服务共享。

(七)创新贸易综合监管模式。探索开展电子围网监管模式。深入实施货物状态分类监管,研究将试点从物流仓储企业扩大到贸易、生产加工企业,具备条件时,在天津市其他符合条件的海关特殊监管区域推广实施。完善船舶、海洋工程结构物融资租赁标的物海关异地委托监管制度。创新海关税款担保模式。创新出口货物专利纠纷担保放行方式。推动实施原产地预裁定制度。依照自由贸易协定安排,推动实施原产地自主声明制度。提高与服务贸易相关的货物暂时进口便利。支持国内外快递企业在自贸试验区内的非海关特殊监管区域,办理符合条件的国际快件属地报关、报检业务。探索外检内放等贸易便利化措施。

(八)增强国际航运和口岸服务功能。深化国际船舶登记制度创新,推动国际船舶登记配套制度改革。逐步开放中国籍国际航行船舶入级检验。加强与国际船舶管理公司合作,逐步形成专业化第三方船舶管理市场。探索开展邮轮公海游试点。建设邮轮旅游岸上国际配送中心,创建与国际配送业务相适应的海关监管制度。大力发展离岸贸易和转口贸易,放宽海运货物直接运输判定标准。支持设立地方法人性质航运保险机构。支持建设自贸试验区至国际通信出入口局的国际互联网数据专用通道。完善天津国际邮件互换局功能,提高国际邮件通关效率。研究在东疆国际邮轮码头口岸实施国际邮轮入境外国旅游团15天免签政策。支持天津空港口岸成为汽车整车、食用水生动物、肉类进口指定口岸以及邮件、快件转运口岸。推动海洋经济示范区建设。

(九)创新要素市场配置机制。对符合条件的外资创业投资企业和股权投资企业开展境内投资项目,探索实施管理新模式。支持外资企业设立联合创新平台,协同中小微企业开展创新成果产业化项目推进。探索知识产权综合管理改革。探索建立公允的知识产权评估机制,完善知识产权质押登记制度、知识产权质押融资风险分担机制以及质物处置机制。搭建便利化的知识产权公共服务平台,完善知识产权服务体系。健全知识产权纠纷多元解决机制。深化完善有利于激励创新的知识产权归属制度。创新发展知识产权金融服务。加强商事法律综合服务。探索建立土地节约集约利用新模式,自贸试验区内土地可以按不同功能用途混合利用,允许同一地块或同一建筑兼容多种功能,产业用地实行弹性年期供应,根据产业政策和项目类别可采取先租后让、差异化年期出让等供地措施。创新人力资本入股办法,鼓励企业实施股权分红激励措施。支持持有外国人永久居留证的外籍高层次人才创办科技型企业,给予与中国籍公民同等待遇。探索开展职业资格国际互认,鼓励符合条件的服务业领域外籍专业人才到自贸试验区工作,放宽服务业聘雇高层次和急需紧缺外籍专业人才条件限制。

(十)进一步深化事中事后监管体制创新。建立央地协同、条块衔接的信息共享机制,明确部门间信息互联互通的边界规则。探索建立公共信用信息和金融信用信息互补机制。完善跨部门、跨领域的守信联合激励与失信联合惩戒机制。建立企业主体责任清单、违法行为提示清单、行政约谈和企业自查自改制度。落实市场主体首负责任制，在安全生产、产品质量、环境保护等领域建立市场主体社会责任报告制度和责任追溯制度。实施风险分级管理，积极推进部门间风险信息互联共享。

三、培育发展新动能，增创国际竞争新优势

（十一）积极推动前沿新兴技术和产业孵化。建设人工智能产业研发、制造、检测、应用中心，探索设立人工智能产业领域社会组织，开展人工智能重大问题研究、标准研制、试点示范、产业推进和国际合作。建设先进通信技术创新基地。探索建设基因诊断技术应用示范中心，开展出生缺陷疾病、肿瘤等重大疾病防治应用。创新医药产业监管模式。优化生物医药全球协同研发的试验用特殊物品准入许可。对符合国家有关规定的药品实行优先审评审批。支持药品研发机构参与药品上市许可人制度试点。允许自贸试验区内医疗器械注册申请人委托天津市医疗器械生产企业生产产品。试点实施进口非特殊用途化妆品备案管理，管理权限下放至天津市。支持自贸试验区内医疗机构开展国际合作，引进国际多中心临床试验，与国外机构同步开展重大疾病新药临床试验。

（十二）建设新型贸易产业集聚区。创新跨境服务贸易管理模式。在风险可控的前提下，加快推进金融保险、文化旅游、教育卫生等高端服务领域的贸易便利化。拓展货物暂准进口单证册制度适用范围，延长单证册有效期。探索兼顾安全和效率的数字产品贸易监管模式。在合适领域分层次逐步放宽或取消对跨境交付、自然人移动等模式服务贸易限制措施。允许外国律师事务所与中国律师事务所在自贸试验区内实行联营，允许在自贸试验区设立代表处的外国律师事务所与中国律师事务所通过协议方式互派律师担任法律顾问。大力发展中医药服务贸易，扩大中医药服务贸易国际市场准入，推动中医药海外创新发展。

创新发展跨境电子商务。鼓励企业建设出口产品“海外仓”和海外运营中心。在符合相关监管政策前提下，支持跨境电商网购保税进口商品进入海关特殊监管区域时先理货后报关。支持开展保税备货、境内交付模式的跨境电商保税展示业务。

创新汽车平行进口试点。取消平行进口汽车保税仓储业务时限，完善平行进口汽车审价机制，推动试点企业适用预审价、汇总征税等通关便利化措施。在风险可控、依法合规前提下，在海关特殊监管区域内开展平行进口汽车标准符合性整改等业务。推动实现自贸试验区汽车平行进口服务和管理平台与海关数据信息系统联网。支持建设全国平行进口汽车大数据中心、客服中心和销售定价中心。支持开展平行进口汽车售后服务标准建设。支持定期举办平行进口汽车展会。在汽车平行进口试点基础上,进一步研究探索先进技术装备、关键零部件及其他机电产品(医疗器械等高风险产品除外)、一般消费品等平行进口。

发展维修和再制造业务。试点开展高技术含量、高附加值项目境内外检测维修和再制造业务。在风险可控前提下,创新维修监管模式,开展外籍邮轮船舶维修业务,积极探索开展工程机械、数控机床、通信设备等进口再制造。

创新大宗商品和文化贸易管理模式。在海关特殊监管区域内创新大宗商品现货市场保税交易制度,探索商品备案自动审核、货到即时备案、涉税担保实时验放等措施。支持依法合规开展大宗商品现货离岸交易业务。支持具备相关资质的船舶供油企业开展国际航行船舶保税油供应业务,建设华北国际航行船舶保税油供应基地。支持在海关特殊监管区域依法合规开展面向全球的保税文化艺术品展示、拍卖、交易业务。

(十三)落实与完善促进服务贸易的税收政策。在符合税制改革和国际惯例,以及不导致利润转移和税基侵蚀的前提下,基于真实贸易和服务背景,结合服务贸易创新发展试点工作,研究探索服务贸易创新发展试点扩围的税收政策安排。落实境外所得税收抵免政策。

(十四)支持服务实体经济的金融业务健康发展。支持社会资本在自贸试验区设立境外股权投资基金,支持保险资金等长期资金在符合规定前提下委托保险资产管理、证券等经营机构开展跨境投资。支持企业发行绿色债券,扩大直接融资规模。加快设立全国性金融租赁行业社会组织。推动租赁公司接入金融信用信息基础数据库。在强化监管前提下,研究融资租赁企业税前扣除政策。探索两家及以上金融租赁公司共同设立项目公司开展租赁业务。率先开展租赁产业配套外汇制度创新试点。加快国际租赁业务创新发展,推动装备、技术、资本和管理"走出去"。支持海关、外汇等部门开展数据交换合作,鼓励自贸试验区内符合资质要求的保理企业开展离岸、跨境、跨省市国际保理业务。

四、深化协作发展,建设京津冀协同发展示范区

(十五)发挥对外开放引领作用。支持在自贸试验区内设立外商独资或控股企业开展支线和通用飞机维修业务,允许在自贸试验区设立外商独资演出经纪机构,为京津冀地区提供服务。支持京津冀地区能源、钢铁、对外承包工程等企业通过自贸试验区与"一带一路"沿线国家和地区开展合作。鼓励社会资本在自贸试验区设立京津冀跨国并购基金。建设面向"一带一路"沿线国家和地区的"走出去"综合服务中心,依托港澳在金融服务、信息资讯、国际贸易网络、风险管理等方面的优势，为企业对外投资提供投资备案、跨境金融、会计审计、外国法律查明和律师服务、国别咨询等综合服务。积极参与中蒙俄经济走廊、中巴经济走廊建设。支持企业运用知识产权进行境外股权投资。打造国家海外工程出口基地。扩大“走出去”项目境外投资保险规模，支持保险公司为企业提供综合保险服务。

（十六）增强港口口岸服务辐射功能。发挥天津的北方国际航运核心区优势，开展口岸通关流程和物流流程综合优化改革试点，打造京津冀地区国际贸易大通道。构建京津冀检验检疫产业转移协同、贸易便利化协同、创新驱动发展协同、监管协同、技术发展协同等“五协同”体系。推进国检试验区建设，拉动腹地产业发展。增强港口中转集拼功能，逐步将中欧班列（天津）发展为集跨境电子商务、中转集拼、国际海铁联运等功能于一体的综合系统。吸引“一带一路”沿线国家和地区航空公司开辟往返或经停天津的航线。

（十七）优化区域金融资源配置。探索建立与自贸试验区改革开放相适应的账户管理体系，服务京津冀企业国际化经营。稳妥推进境外机构和企业发行人民币债券等产品，吸引“一带一路”沿线国家和地区中央银行、主权财富基金和投资者投资境内人民币资产。鼓励保险资金支持租赁业发展，丰富保险投资工具。鼓励符合条件的金融租赁公司和融资租赁企业利用银行间市场发行债券和资产证券化产品，支持京津冀协同发展重点产业项目建设。支持服务京津冀协同发展的租赁和保理项目开展跨境融资。适时试点在自贸试验区面向国内外投资者发行地方政府债券。探索研究京津冀区域内股权市场依法合规开展非经营性业务合作，根据资本市场对外开放进程适时引进港澳及合格境外投资者参与投资交易。

（十八）完善服务协同发展机制。加强顶层设计和统筹安排，依托现有工作机制，率先向京津冀地区复制推广创新成果，借鉴北京市服务业扩大开放综合试点经验，更好推动自贸试验区服务京津冀协同发展。

五、抓好工作落实

加强组织实施，在国务院自由贸易试验区工作部际联席会议统筹协调下，充分发挥地方和部门积极性，抓好改革举措的落实；各部门要大力支持，及时制定实施细则或办法，加强指导和服务；天津市要把握基本定位，强化使命担当，完善工作机制，系统推进改革试点任务落实。强化法制保障，自贸试验区需要暂时调整实施有关法律、行政法规、经国务院批准的部门规章和国务院文件的部分规定的，按规定程序办理。及时评估推广，加快形成系统性改革经验，实施分类审查程序后复制推广至全国其他地区。重大事项要及时向党中央、国务院请示报告。

国务院关于印发进一步深化中国(福建)自由贸易试验区改革开放方案的通知

(2018年5月4日　国发〔2018〕15号)

现将《进一步深化中国(福建)自由贸易试验区改革开放方案》印发给你们,请认真贯彻执行。

进一步深化中国(福建)自由贸易试验区改革开放方案

建设自由贸易试验区是党中央、国务院在新形势下全面深化改革和扩大开放的战略举措。中国(福建)自由贸易试验区(以下简称自贸试验区)运行以来,建设取得阶段性成果,总体达到预期目标。为贯彻落实党中央、国务院决策部署,进一步深化自贸试验区改革开放,扩大两岸经济文化交流合作,制定本方案。

一、总体要求

(一)指导思想。高举中国特色社会主义伟大旗帜,全面贯彻党的十九大精神,以习近平新时代中国特色社会主义思想为指导,贯彻落实党中央、国务院决策部署,统筹推进"五位一体"总体布局和协调推进"四个全面"战略布局,坚持稳中求进工作总基调,坚定践行新发展理念,坚持以供给侧结构性改革为主线,以制度创新为核心,以风险防控为底线,继续解放思想、先行先试,对标国际先进规则,赋予自贸试验区更大改革自主权,以开放促改革、促发展、促创新,推动形成全面开放新格局;加快建立与市场化相适应的政府管理体系,进一步提升政府治理水平;发挥沿海近台优势,在深化两岸经济合作、推动21世纪海上丝绸之路建设方面发挥更大作用;加强改革系统集成,力争取得更多可复制可推广的制度创新成果,更好服务全国改革开放大局。

(二)建设目标。到2020年,率先建立同国际投资和贸易通行规则相衔接的制度体系,形成法治化、国际化、便利化营商环境,打造开放和创新融为一体的综合改革试验区、深化两岸经济合作示范区和面向21世纪海上丝绸之路沿线国家和地区开放合作新高地。强化自贸试验区改革同福建省改革的联动，各项改革试点任务具备条件的在福州市、厦门市和平潭综合实验区范围内全面实施，或在福建省推广试验。

二、对标国际先进规则，深入推进各领域改革创新

（三）进一步放宽投资准入。进一步完善外商投资准入前国民待遇加负面清单管理制度，大幅度放宽市场准入，扩大服务业对外开放，提高自贸试验区外商投资负面清单的开放度和透明度，着力构建与负面清单管理方式相适应的事中事后监管制度。清理和取消资质资格获取、招投标、权益保护等方面存在的差别化待遇，实现各类市场主体依法平等准入相关行业、领域和业务。配合做好国家安全审查、反垄断审查等相关工作。

（四）提升国际贸易便利化水平。探索更为便利的加工贸易核销制度，建立以供应链为单元的新型加工贸易监管模式。深入实施货物状态分类监管，研究将试点从物流仓储企业扩大到贸易、生产加工企业，具备条件时，在福建省其他符合条件的海关特殊监管区域推广实施。推广应用货物暂准进口单证册制度。支持设立国检试验区，创新集成检验检疫综合性改革措施。扩大第三方检验检测结果采信商品范围。推进进出口产品质量追溯体系建设，实现重点敏感产品全过程信息可追溯。试点实施海事、交通、船检三部门联合办理船舶证书机制。加强口岸管理部门执法合作，拓展“一站式作业”。赋予自贸试验区内符合条件的2－3家企业原油进口资质和配额。

（五）打造高标准的国际化营商环境。参照国际通行营商环境评价指标，从企业开办、施工许可、产权登记、信贷获取、投资者保护、纳税、破产清算等方面梳理和对标，查找薄弱环节，加大改革力度，着力构建稳定、公平、透明、可预期的一流营商环境。

（六）进一步深化金融开放和监管创新。积极有序实施《中国人民银行关于金融支持中国（福建）自由贸易试验区的指导意见》，研究出台支持自贸试验区深化金融开放创新实施方案。自贸试验区内符合条件的跨国公司可根据自身经营需要备案开展集团内跨境双向人民币资金池业务。探索建立与自贸试验区改革开放相适应的账户管理体系。支持建设以项目投融资服务等为重点的全国性基金管理服务平台。支持自贸试验区内银行业金融机构在依法合规、风险可控的前提下，向企业发放信用贷款。加强与“一带一路”沿线国家和地区在金融领域的交流合作。健全金融监管体系，守住不发生系统性金融风险的底线。完善跨境资金监控体制机制，强化反洗钱、反恐怖融资、反逃税工作，及时发现跨境洗钱和恐怖融资风险，防范利用跨境贸易从事洗钱犯罪活动。地方政府要在坚持金融管理主要是中央事权的前提下，按照中央统一规则，强化属地风险处置责任。

（七）强化创新要素支撑。建立容错纠错和正向激励机制，鼓励改革创新。开展外国高层次人才服务"一卡通"试点。实施便利外籍高层次人才出入境、工作、在华停居留、永久居留等措施。简化商务人员、高层次人才出入境签证手续。探索知识产权综合管理改革，完善有利于激励创新的知识产权归属制度，健全知识产权保护和运用体系。

三、持续推进简政放权，进一步提升政府治理水平

（八）推进政府服务标准化、透明化。调整完善省级管理权限下放方式，推动关联、相近类别审批事项全链条取消、下放或委托。将更多后置审批事项由串联审批改为并联审批，将更多单项审查与验收改为综合审查与验收，进一步减少检验、检测、认定、认证事项。深化市场准入负面清单制度改革。健全综合审批信息平台和国家企业信用信息公示系统，推行行政审批标准化、模块化，加强部门间信息共享和业务协同，实现相同信息"一次采集、一档管理"。清理规范基层证明材料，没有法律法规依据的一律取消，对确需保留的实行清单管理。全面推进决策、执行、管理、服务、结果公开和重点领域政府信息公开。

（九）深入推进"互联网+政务服务"。整合资源与数据，加快构建一体化互联网政务服务平台。加强部门间系统对接联动，统一身份认证，按需共享数据，实行"一号申请、一窗受理、一网通办"。涉及企业注册登记、年度报告、项目投资、生产经营、商标专利、资质认定、税费办理、安全生产等方面的政务服务事项，最大限度实行网上受理、网上办理、网上反馈。加快完善电子证照系统。

（十）创新事中事后监管体制机制。推动各部门审批系统、证照系统、监管系统信息交换与共享，建立基于大数据的高效监管模式。将经营异常企业和严重违法失信企业信息统一归集到福建省公共信用信息平台，并与实施失信联合惩戒的部门共享，完善守信得益、失信受惩的信用体系。健全跨部门联合抽查监管制度，实行"双随机、四公示"监管机制。完善风险防控机制，重点防控市场开放和业务创新等方面的风险。深化综合行政执法体制改革，推进相对集中行政许可权改革试点。在市场监管、城市管理、国土资源、知识产权等重点领域，推行行政执法公示、执法全过程记录、重大执法决定法制审核等制度。健全商事法律综合服务平台，加强仲裁、调解等服务。整合政府部门、行业协会、企业、社会公众等力量，建立社会多元共治机制。

四、加强改革系统集成，形成更多可复制可推广的制度创新成果

（十一）推进商事制度集成化改革。除涉及前置审批事项或名称核准与企业登记不在同一机关外，取消名称预核准环节，名称核准与企业设立登记、名称变更可以同时办理。创新经营范围登记方式。探索对同一主管部门保留的多种审批或备案事项实行“一企一证”。推行“1+N”证照模式，在企业统一社会信用代码基础上，可按需附加经营许可证号，企业按需取证。开展“证照分离”改革试点。推广电子证照和电子签名应用。

（十二）深化投资项目审批全流程改革。试点企业投资项目承诺制，探索创新以政策性条件引导、企业信用承诺、监管有效约束为核心的先建后验管理模式。进一步简化、整合投资项目报建手续。对实行核准制的投资项目推行“多评合一、多图联审、区域评估、联合验收”等模式。对同一阶段需办理的各类审查审批事项实行“一表申请、一口受理、并联审查、一章审批、一次出件”方式，压缩自由裁量权。实行“超时默认”、“缺席默认”，强化审批时限约束。

（十三）建成国际先进水平的国际贸易“单一窗口”。支持中国（福建）国际贸易“单一窗口”建设，将外贸企业资质备案、贸易许可和原产地证办理、货物进出口和船舶出入境申报、出口退税申报等国际贸易主要环节纳入国际贸易“单一窗口”建设。整合归集通关、物流、金融等口岸、贸易数据信息，实现物流和监管信息系统之间的数据交换共享，打造福建省统一的口岸公共信息服务平台。实现与国家层面“单一窗口”标准规范融合对接，推进省域“单一窗口”互联互通，促进跨区域通关合作、数据互换和协同监管。

（十四）创新产业发展服务模式。支持在福州、厦门设立跨境电子商务综合试验区。将厦门纳入海峡两岸电子商务经济合作实验区。试点航空快件国际中转集拼业务。对注册在自贸试验区海关特殊监管区域内的融资租赁企业进出口飞机、船舶和海洋工程结构物等大型设备涉及跨关区的，在确保有效监管和执行现行相关税收政策的前提下，按物流实际需要，实行海关异地委托监管。依法合规支持厦门机电设备展示交易平台、厦门国际酒类展示交易平台、平潭新丝路跨境交易中心等建设。在满足有关要求的前提下，支持厦门建设毛燕进口指定口岸。研究探索文化艺术品、文物等在海关特殊监管区域开展保税展示交易。支持福州物联网产业基地建设。支持福州、厦门互联网经济集聚区发展。积极探索与国际航空维修业特点和发展相适应的监管模式，研究调整降低部分航材进口税率，支持厦门打造一站式航空维修基地。加快福州、厦门汽车整车进口口岸建设，开展3C认证改革试点。

（十五）促进区域联动发展。加强自贸试验区与平潭综合实验区、福州新区、福厦泉国家自主创新示范区、漳州市构建开放型经济新体制综合试点试验等的联动。充分发挥自贸试验区辐射带动作用，促进厦（门）漳（州）泉（州）一体化发展。推动平潭综合实验区与福州新区等周边地区联动发展，强化福州对平潭的腹地支撑作用。推动海洋经济示范区建设。加强与其他自由贸易试验区的交流合作。

五、进一步发挥沿海近台优势，深化两岸经济合作

（十六）创新产业合作新机制。探索在文化产业、体育产业、教育等领域进一步对台扩大开放。深化集成电路、光学仪器、精密机械等先进制造业和冷链物流、文化创意、健康养老、中医药等现代服务业对台合作。加强与台湾健保、长期照护等机构合作，支持设立两岸健康养老试验区。深化闽台在研发创新、服务外包、品牌打造、标准制定、市场开拓等方面的合作，促进闽台产业深度融合。

（十七）建立通关合作新模式。推动闽台国际贸易"单一窗口"通关数据信息互换。增加对进口台湾商品实施检验检疫"源头管理、快速验放"的种类。研究台湾船员获得大陆适任证书的培训标准，实现对台船员培训常态化。实施"小三通"客船进出港手续便捷化措施。探索推动厦金游艇自由行。发挥平潭全岛电子围网功能，简化区内货物流转程序。加快建设海西进出境动植物检疫隔离处理中心。完善两岸检验检疫数据交换中心功能，加快闽台标准、技术法规等效性评估和合格评定信息系统建设，推动两岸信息互换、监管互认、执法互助。

（十八）加强闽台金融合作。允许自贸试验区符合条件的银行机构为境外企业和个人开立新台币账户，完善两岸货币现钞调运机制。试点新台币区域性银行间市场交易。支持自贸试验区内符合条件的台资金融机构在银行间债券市场开展承销业务。支持将海峡股权交易中心建成服务台资企业的专业化区域性股权市场。探索建立与台湾地区征信产品互认机制。建立闽台金融沟通常态对接交流机制。

（十九）打造创新创业新平台。研究出台便利台胞在自贸试验区学习、创业、就业、生活的政策措施。支持在自贸试验区就业、生活的台胞在医疗、融资、购房、住宿等方面享受与大陆居民同等待遇，台湾企业在科研经费申请等方面享受与大陆企业同等待遇。推进创业园、创业社区、创业家庭等创业载体建设，做大做强厦门两岸青年创业创新创客基地、平潭台湾创业园、福州台湾青年创业创新创客基地等"三创"基地。建立台胞创业支持服务中心。鼓励台湾地区知识产权权利人在自贸试验区创业发展，鼓励台湾地区居民在大陆取得专利代理人资格证书并执业。推动直接采认台湾地区职业技能资格。扩大台湾地区专业人才在自贸试验区内行政企事业单位、科研院所等机构任职范围，吸引台湾地区专业人才在社会管理服务、中介服务等领域就业。

（二十）拓展交流交往新渠道。在自贸试验区内对台商独资或控股开发的建设项目,借鉴台湾地区的规划及工程管理体制,探索实施"一区两标"。允许台湾地区车辆按照相关管理规定临时入闽行驶,并提供相应便利。支持平潭国际旅游岛建设。探索建立两岸企业信用库,建立信用联动机制,实现信用联合奖惩。支持平潭建设两岸同胞共同家园,在平潭、厦门、福州开展台胞参与城乡社区治理试点。探索社区居民自治新模式,构建两岸融合示范社区。拓宽厦门—金门、马尾—马祖合作领域,在投资、贸易、航运、资金等方面营造更加开放便利的环境。加强两岸工商界、智库、商(协)会和专业服务机构的交流合作,推动自贸试验区打造对台交流合作新平台。

六、加强交流合作,加快建设21世纪海上丝绸之路核心区

(二十一)推进互联互通。加强与"一带一路"沿线国家和地区港口合作,加快福州机场二期工程和厦门新机场建设,增开航线、航班,建设国际物流大通道。支持厦门东南国际航运中心建设,推动邮轮、游艇等出行便利化,试点实施国际邮轮入境外国旅游团15天免签政策,加快厦门邮轮港口建设。支持厦门建设东南亚海事服务基地,发展邮轮物品供应,对国际航行船舶开放保税油供给。支持境内外企业开展航运保险、航运仲裁、海损理算、航运交易、船舶融资租赁等高端航运服务,打造国际航运服务平台。利用现有方便旗船税收政策,促进符合条件的船舶在自贸试验区落户登记。优化沿海捎带业务监管模式,提高中资方便旗船沿海捎带业务通关效率。支持中欧班列(福州)、中欧班列(厦门)开展国际多式联运业务,探索推出多式联运提单。推进实施中欧安全智能贸易航线试点。推动福州与21世纪海上丝绸之路沿线国家和地区扩大航权安排,提高福州机场航班保障能力,吸引沿线国家和地区航空公司开辟经停福州的航线。积极推进国际贸易"单一窗口"与"一带一路"沿线口岸的信息互换和服务共享。

(二十二)建设合作平台。继续支持开展对外援助交流培训。支持中国—东盟海产品交易所建设区域性海产品现货交易中心,在21世纪海上丝绸之路沿线国家和地区设立交易分中心。境外交易分中心的交易、资金结算等与境内交易场所应相互隔离。支持在自贸试验区内建立中国—东盟产业合作园。支持企业在"一带一路"沿线国家和地区建设产业合作园区或制造基地、营销平台。支持先进装备、技术标准、管理理念"走出去",打造一批跨国公司和国际知名品牌。

(二十三)创新合作模式。加强与"一带一路"沿线国家和地区在通关、认证认可、标准计量等方面合作,扩大开展经认证经营者(AEO)互认的范围,促进贸易畅通。加强与21世纪海上丝绸之路沿线国家和地区文化交流和人员往来合作,携手台湾地区共同传承中华优秀传统文化,促进文化认同和民心相通。充分发挥华侨华人作用,吸引更多华商参与自贸试验区建设。吸引21世纪海上丝绸之路沿线国家和地区领事馆或签证中心落地福州。推动与金砖国家建立合作机制。

七、抓好工作落实

加强组织实施,在国务院自由贸易试验区工作部际联席会议统筹协调下,充分发挥地方和部门积极性,抓好改革举措的落实;各部门要大力支持,及时制定实施细则或办法,加强指导和服务;福建省要把握基本定位,强化使命担当,完善工作机制,系统推进改革试点任务落实。强化法制保障,自贸试验区需要暂时调整实施有关法律、行政法规、经国务院批准的部门规章和国务院文件的部分规定的,按规定程序办理。及时评估推广,加快形成系统性改革经验,实施分类审查程序后复制推广至全国其他地区。重大事项要及时向党中央、国务院请示报告。

国务院关于改革国有企业工资决定机制的意见

(2018年5月14日 国发〔2018〕16号)

国有企业工资决定机制改革是完善国有企业现代企业制度的重要内容,是深化收入分配制度改革的重要任务,事关国有企业健康发展,事关国有企业职工切身利益,事关收入分配合理有序。改革开放以来,国家对国有大中型企业实行工资总额同经济效益挂钩办法,对促进国有企业提高经济效益、调动广大职工积极性发挥了重要作用。随着社会主义市场经济体制逐步健全和国有企业改革不断深化,现行国有企业工资决定机制还存在市场化分配程度不高、分配秩序不够规范、监管体制尚不健全等问题,已难以适应改革发展需要。为改革国有企业工资决定机制,现提出以下意见。

一、总体要求

(一)指导思想。

全面贯彻党的十九大精神,以习近平新时代中国特色社会主义思想为指导,认真落实党中央、国务院决策部署,统筹推进“五位一体”总体布局和协调推进“四个全面”战略布局,坚持以人民为中心的发展思想,牢固树立和贯彻落实新发展理念,按照深化国有企业改革、完善国有资产管理体制和坚持按劳分配原则、完善按要素分配体制机制的要求,以增强国有企业活力、提升国有企业效率为中心，建立健全与劳动力市场基本适应、与国有企业经济效益和劳动生产率挂钩的工资决定和正常增长机制，完善国有企业工资分配监管体制，充分调动国有企业职工的积极性、主动性、创造性，进一步激发国有企业创造力和提高市场竞争力，推动国有资本做强做优做大，促进收入分配更合理、更有序。

（二）基本原则。

——坚持建立中国特色现代国有企业制度改革方向。坚持所有权和经营权相分离，进一步确立国有企业的市场主体地位，发挥企业党委（党组）领导作用，依法落实董事会的工资分配管理权，完善既符合企业一般规律又体现国有企业特点的工资分配机制，促进国有企业持续健康发展。

——坚持效益导向与维护公平相统一。国有企业工资分配要切实做到既有激励又有约束、既讲效率又讲公平。坚持按劳分配原则，健全国有企业职工工资与经济效益同向联动、能增能减的机制，在经济效益增长和劳动生产率提高的同时实现劳动报酬同步提高。统筹处理好不同行业、不同企业和企业内部不同职工之间的工资分配关系，调节过高收入。

——坚持市场决定与政府监管相结合。充分发挥市场在国有企业工资分配中的决定性作用，实现职工工资水平与劳动力市场价位相适应、与增强企业市场竞争力相匹配。更好发挥政府对国有企业工资分配的宏观指导和调控作用，改进和加强事前引导和事后监督，规范工资分配秩序。

——坚持分类分级管理。根据不同国有企业功能性质定位、行业特点和法人治理结构完善程度，实行工资总额分类管理。按照企业国有资产产权隶属关系，健全工资分配分级监管体制，落实各级政府职能部门和履行出资人职责机构（或其他企业主管部门，下同）的分级监管责任。

二、改革工资总额决定机制

（三）改革工资总额确定办法。按照国家工资收入分配宏观政策要求，根据企业发展战略和薪酬策略、年度生产经营目标和经济效益，综合考虑劳动生产率提高和人工成本投入产出率、职工工资水平市场对标等情况，结合政府职能部门发布的工资指导线，合理确定年度工资总额。

（四）完善工资与效益联动机制。企业经济效益增长的，当年工资总额增长幅度可在不超过经济效益增长幅度范围内确定。其中，当年劳动生产率未提高、上年人工成本投入产出率低于行业平均水平或者上年职工平均工资明显高于全国城镇单位就业人员平均工资的，当年工资总额增长幅度应低于同期经济效益增长幅度；对主业不处于充分竞争行业和领域的企业，上年职工平均工资达到政府职能部门规定的调控水平及以上的，当年工资总额增长幅度应低于同期经济效益增长幅度，且职工平均工资增长幅度不得超过政府职能部门规定的工资增长调控目标。

企业经济效益下降的，除受政策调整等非经营性因素影响外，当年工资总额原则上相应下降。其中，当年劳动生产率未下降、上年人工成本投入产出率明显优于行业平均水平或者上年职工平均工资明显低于全国城镇单位就业人员平均工资的，当年工资总额可适当少降。

企业未实现国有资产保值增值的，工资总额不得增长，或者适度下降。

企业按照工资与效益联动机制确定工资总额，原则上增人不增工资总额、减人不减工资总额，但发生兼并重组、新设企业或机构等情况的，可以合理增加或者减少工资总额。

（五）分类确定工资效益联动指标。根据企业功能性质定位、行业特点，科学设置联动指标，合理确定考核目标，突出不同考核重点。

对主业处于充分竞争行业和领域的商业类国有企业，应主要选取利润总额（或净利润）、经济增加值、净资产收益率等反映经济效益、国有资本保值增值和市场竞争能力的指标。对主业处于关系国家安全、国民经济命脉的重要行业和关键领域、主要承担重大专项任务的商业类国有企业，在主要选取反映经济效益和国有资本保值增值指标的同时，可根据实际情况增加营业收入、任务完成率等体现服务国家战略、保障国家安全和国民经济运行、发展前瞻性战略性产业以及完成特殊任务等情况的指标。对主业以保障民生、服务社会、提供公共产品和服务为主的公益类国有企业，应主要选取反映成本控制、产品服务质量、营运效率和保障能力等情况的指标，兼顾体现经济效益和国有资本保值增值的指标。对金融类国有企业，属于开发性、政策性的，应主要选取体现服务国家战略和风险控制的指标，兼顾反映经济效益的指标；属于商业性的，应主要选取反映经济效益、资产质量和偿付能力的指标。对文化类国有企业，应同时选取反映社会效益和经济效益、国有资本保值增值的指标。劳动生产率指标一般以人均增加值、人均利润为主，根据企业实际情况，可选取人均营业收入、人均工作量等指标。

三、改革工资总额管理方式

（六）全面实行工资总额预算管理。工资总额预算方案由国有企业自主编制，按规定履行内部决策程序后，根据企业功能性质定位、行业特点并结合法人治理结构完善程度，分别报履行出资人职责机构备案或核准后执行。

对主业处于充分竞争行业和领域的商业类国有企业，工资总额预算原则上实行备案制。其中，未建立规范董事会、法人治理结构不完善、内控机制不健全的企业，经履行出资人职责机构认定，其工资总额预算应实行核准制。

对其他国有企业，工资总额预算原则上实行核准制。其中，已建立规范董事会、法人治理结构完善、内控机制健全的企业，经履行出资人职责机构同意，其工资总额预算可实行备案制。

（七）合理确定工资总额预算周期。国有企业工资总额预算一般按年度进行管理。对行业周期性特征明显、经济效益年度间波动较大或存在其他特殊情况的企业，工资总额预算可探索按周期进行管理，周期最长不超过三年，周期内的工资总额增长应符合工资与效益联动的要求。

（八）强化工资总额预算执行。国有企业应严格执行经备案或核准的工资总额预算方案。执行过程中，因企业外部环境或自身生产经营等编制预算时所依据的情况发生重大变化，需要调整工资总额预算方案的，应按规定程序进行调整。

履行出资人职责机构应加强对所监管企业执行工资总额预算情况的动态监控和指导，并对预算执行结果进行清算。

四、完善企业内部工资分配管理

（九）完善企业内部工资总额管理制度。国有企业在经备案或核准的工资总额预算内，依法依规自主决定内部工资分配。企业应建立健全内部工资总额管理办法，根据所属企业功能性质定位、行业特点和生产经营等情况，指导所属企业科学编制工资总额预算方案，逐级落实预算执行责任，建立预算执行情况动态监控机制，确保实现工资总额预算目标。企业集团应合理确定总部工资总额预算，其职工平均工资增长幅度原则上应低于本企业全部职工平均工资增长幅度。

（十）深化企业内部分配制度改革。国有企业应建立健全以岗位工资为主的基本工资制度，以岗位价值为依据，以业绩为导向，参照劳动力市场工资价位并结合企业经济效益，通过集体协商等形式合理确定不同岗位的工资水平，向关键岗位、生产一线岗位和紧缺急需的高层次、高技能人才倾斜，合理拉开工资分配差距，调整不合理过高收入。加强全员绩效考核，使职工工资收入与其工作业绩和实际贡献紧密挂钩，切实做到能增能减。

（十一）规范企业工资列支渠道。国有企业应调整优化工资收入结构，逐步实现职工收入工资化、工资货币化、发放透明化。严格清理规范工资外收入，将所有工资性收入一律纳入工资总额管理，不得在工资总额之外以其他形式列支任何工资性支出。

五、健全工资分配监管体制机制

（十二）加强和改进政府对国有企业工资分配的宏观指导和调控。人力资源社会保障部门负责建立企业薪酬调查和信息发布制度，定期发布不同职业的劳动力市场工资价位和行业人工成本信息；会同财政、国资监管等部门完善工资指导线制度，定期制定和发布工资指导线、非竞争类国有企业职工平均工资调控水平和工资增长调控目标。

（十三）落实履行出资人职责机构的国有企业工资分配监管职责。履行出资人职责机构负责做好所监管企业工资总额预算方案的备案或核准工作，加强对所监管企业工资总额预算执行情况的动态监控和执行结果的清算，并按年度将所监管企业工资总额预算执行情况报同级人力资源社会保障部门，由人力资源社会保障部门汇总报告同级人民政府。同时，履行出资人职责机构可按规定将有关情况直接报告同级人民政府。

（十四）完善国有企业工资分配内部监督机制。国有企业董事会应依照法定程序决定工资分配事项，加强对工资分配决议执行情况的监督。落实企业监事会对工资分配的监督责任。将企业职工工资收入分配情况作为厂务公开的重要内容，定期向职工公开，接受职工监督。

（十五）建立国有企业工资分配信息公开制度。履行出资人职责机构、国有企业每年定期将企业工资总额和职工平均工资水平等相关信息向社会披露，接受社会公众监督。

（十六）健全国有企业工资内外收入监督检查制度。人力资源社会保障部门会同财政、国资监管等部门，定期对国有企业执行国家工资收入分配政策情况开展监督检查，及时查处违规发放工资、滥发工资外收入等行为。加强与出资人监管和审计、税务、纪检监察、巡视等监督的协同，建立工作会商和资源共享机制，提高监督效能，形成监督合力。

对企业存在超提、超发工资总额及其他违规行为的，扣回违规发放的工资总额，并视违规情形对企业负责人和相关责任人员依照有关规定给予经济处罚和纪律处分；构成犯罪的，由司法机关依法追究刑事责任。

六、做好组织实施工作

（十七）国有企业工资决定机制改革是一项涉及面广、政策性强的工作，各地区、各有关部门要统一思想认识，以高度的政治责任感和历史使命感，切实加强对改革工作的领导，做好统筹协调，细化目标任务，明确责任分工，强化督促检查，及时研究解决改革中出现的问题，推动改革顺利进行。各省（自治区、直辖市）要根据本意见，结合当地实际抓紧制定改革国有企业工资决定机制的实施意见，认真抓好贯彻落实。各级履行出资人职责机构要抓紧制定所监管企业的具体改革实施办法，由同级人力资源社会保障部门会同财政部门审核后实施。各级人力资源社会保障、财政、国资监管等部门和工会要各司其职，密切配合，共同做好改革工作，形成推进改革的合力。广大国有企业要自觉树立大局观念，认真执行国家有关改革规定，确保改革政策得到落实。要加强舆论宣传和政策解读，引导全社会正确理解和支持改革，营造良好社会环境。

（十八）本意见适用于国家出资的国有独资及国有控股企业。中央和地方有关部门或机构作为实际控制人的企业，参照本意见执行。

本意见所称工资总额，是指由企业在一个会计年度内直接支付给与本企业建立劳动关系的全部职工的劳动报酬总额，包括工资、奖金、津贴、补贴、加班加点工资、特殊情况下支付的工资等。

国务院办公厅关于开展涉及产权保护的规章、规范性文件清理工作的通知

（2018 年 5 月 5 日　国办发〔2018〕29 号）

依法平等保护各类产权，对增强市场主体创业创新活力和投资意愿、推动经济持续健康发展具有重要意义。为全面贯彻习近平新时代中国特色社会主义思想和党的十九大精神，落实党中央、国务院关于完善产权保护制度依法保护产权的部署，营造平等保护各种所有制经济产权和合法权益的法治环境，经国务院同意，现就开展涉及产权保护的规章、规范性文件清理工作有关事项通知如下：

一、清理范围

此次清理的范围是省、自治区、直辖市、设区的市、自治州人民政府和国务院部门制定的规章，以及县级以上地方各级人民政府及其所属部门、国务院部门制定的规范性文件。清理的重点是，有违平等保护各种所有制经济主体财产所有权、使用权、经营权、收益权等各类产权的规定，不当限制企业生产经营、企业和居民不动产交易等民事主体财产权利行使的规定，以及在市场准入、生产要素使用、财税金融投资价格等政策方面区别性、歧视性对待不同所有制经济主体的规定。

二、清理职责

清理工作坚持“谁制定、谁清理”的原则。国务院部门制定的规章、规范性文件和县级以上地方人民政府所属部门制定的规范性文件，由制定部门负责清理；部门联合制定或涉及多个部门职责的，由牵头部门负责组织清理；制定部门被撤销或职权已调整的，由继续行使其职权的部门负责清理。县级以上地方人民政府制定的规章、规范性文件，由实施部门提出清理意见和建议，报

同级人民政府决定。

国务院各部门在开展清理工作的同时，认为法律、行政法规存在不利于产权保护的有关规定，应当提出具体建议、修改方案和修改废止理由，并公开征求意见。

三、清理要求

各地区、各部门要依据《中共中央 国务院关于完善产权保护制度依法保护产权的意见》（以下简称《意见》）部署的各项任务和上位法修改、废止情况，逐项研究清理。规章、规范性文件的主要内容与《意见》相抵触，或与涉及产权保护的法律、行政法规不一致的，要予以废止；部分内容与《意见》不一致，或与涉及产权保护的法律、行政法规不一致的，要予以修改。要确保规章、规范性文件的有关规定应改尽改、应废尽废，使党中央、国务院关于完善产权保护制度依法保护产权的部署不折不扣落实到位。

四、结果报送

县级以上地方人民政府要及时将清理结果报送上一级地方人民政府汇总。各省（自治区、直辖市）人民政府和国务院各部门应于2018年10月底前将本地区、本部门的规章、规范性文件清理结果报送国务院，同时抄送国家发展改革委、司法部。国务院有关部门应于2018年8月底前将法律、行政法规的清理意见、修改草案和说明按立法程序报送国务院，并抄送国家发展改革委、司法部。国家发展改革委、司法部应于2018年12月底前将上述清理情况汇总后报送国务院。

五、组织实施

各地区、各部门要充分认识清理工作的重要性，加强组织领导，制定具体方案，明确责任分工和时限要求，抓紧开展清理工作。要强化监督检查，建立涉及产权保护的规章、规范性文件清理工作长效机制，根据完善产权保护制度工作进展动态清理。对清理不及时、影响产权保护任务措施有效落实的，要依法依规予以问责。各地区、各部门要加强宣传报道，广泛听取社会公众意见，并向社会公开清理结果。国家发展改革委、司法部要加强统筹协调指导，及时跟踪了解进展情况，研究解决共性问题，确保清理工作顺利完成。

附件：1. 规章清理情况统计表

2. 规范性文件清理情况统计表

附件 1

规章清理情况统计表

填表单位：　　　　　　　　　　　　　　　　　　　填表时间：　年　月　日

制定单位名称				
已废止的规章	序　号	规章名称	废止日期	备　注
已修改的规章	序　号	规章名称	修改日期	备　注
拟废止的规章	序　号	规章名称	时间安排	备　注
拟修改的规章	序　号	规章名称	时间安排	备　注

附件 2

规范性文件清理情况统计表

填表单位：　　　　　　　　　　　　　　　　填表日期：　年　月　日

处理结果	类　别	数　量
已废止的规范性文件	国务院部门规范性文件	
	省级政府及其部门规范性文件	
	市级政府及其部门规范性文件	
	县级政府及其部门规范性文件	
	合　计	
已修改的规范性文件	国务院部门规范性文件	
	省级政府及其部门规范性文件	
	市级政府及其部门规范性文件	
	县级政府及其部门规范性文件	
	合　计	
拟废止的规范性文件	国务院部门规范性文件	
	省级政府及其部门规范性文件	
	市级政府及其部门规范性文件	
	县级政府及其部门规范性文件	
	合　计	
拟修改的规范性文件	国务院部门规范性文件	
	省级政府及其部门规范性文件	
	市级政府及其部门规范性文件	
	县级政府及其部门规范性文件	
	合　计	

国务院办公厅关于调整国务院扶贫开发领导小组组成人员的通知

（2018 年 5 月 13 日　国办发〔2018〕34 号）

根据机构设置和人员变动情况，国务院对国务院扶贫开发领导小组组成人员作了调整。现将调整后的名单通知如下：

组　长：	胡春华	国务院副总理
副组长：	高　雨	国务院机关党组成员
	刘永富	国务院扶贫办主任
	李小新	中央组织部部务委员
	韩　俊	农业农村部副部长、中央农办副主任
	林念修	国家发展改革委副主任
	唐承沛	民政部副部长
	胡静林	财政部副部长
	余欣荣	农业农村部副部长
	潘功胜	中国人民银行副行长
	王建武	中央军委政治工作部副主任
成　员：	郭卫民	中央宣传部部务会议成员
	冉万祥	中央统战部副部长
	李　勇	中央和国家机关工委副书记
	王　超	外交部副部长
	孙　尧	教育部副部长
	徐南平	科技部副部长
	辛国斌	工业和信息化部副部长
	石玉钢	国家民委副主任
	邱小平	人力资源社会保障部副部长
	张德霖	自然资源部党组成员
	赵英民	生态环境部副部长
	倪　虹	住房城乡建设部副部长
	戴东昌	交通运输部副部长
	魏山忠	水利部副部长

李成钢　　商务部部长助理
李金早　　文化和旅游部副部长
王贺胜　　国家卫生健康委员会副主任
袁　野　　审计署副审计长
徐福顺　　国务院国资委副主任
张宏森　　国家广播电视总局副局长
李晓超　　国家统计局副局长
郭　玮　　国研室党组成员
祝树民　　中国银行保险监督管理委员会副主席
张慎峰　　证监会主席助理
綦成元　　国家能源局副局长
李春良　　国家林业和草原局副局长
邹天敬　　供销合作总社理事会副主任
王东海　　中央军委国防动员部副部长
甄忠义　　中国铁路总公司党组副书记
胡怀邦　　开发银行董事长
解学智　　农业发展银行董事长
赵　欢　　农业银行行长
阎京华　　全国总工会副主席、书记处书记
汪鸿雁　　共青团中央书记处书记
张晓兰　　全国妇联副主席、书记处书记
程　凯　　中国残联副理事长
谢经荣　　全国工商联副主席
舒印彪　　国家电网有限公司董事长
李庆奎　　中国南方电网有限责任公司董事长

刘永富同志兼任国务院扶贫开发领导小组办公室主任。

国务院办公厅
关于进一步压缩企业开办时间的意见

（2018 年 5 月 14 日　国办发〔2018〕32 号）

党中央、国务院高度重视优化营商环境、压缩企业开办时间工作。商事制度改革以来，我国企业开办便利度持续提升，企业开办时间不断压缩，促进了大众创业万众创新，激发了市场活力和社会创造力，但与世界先进水平相比仍有较大改善空间。为打造法治化、国际化、便利化的营商环境，促进经济可持续发展和高质量发展，经国务院同意，现就进一步压缩企业开办时间提出以下意见：

一、总体要求和工作目标

（一）总体要求。全面贯彻党的十九大和十九届二中、三中全会精神，坚持以习近平新时代中国特色社会主义思想为指导，牢固树立和贯彻落实新发展理念，按照2018年《政府工作报告》部署，深化“放管服”改革，坚持从实际出发，以企业和社会公众迫切希望解决的效率低、环节多、时间长等问题为重点，统一工作标准和工作要求，依法推进压缩企业开办时间工作，强化责任落实，提高服务效能，增加透明度和可预期性，提升办理企业开办事项的实际体验，进一步降低制度性交易成本、激发大众创业万众创新活力。

（二）工作目标。进一步简化企业从设立到具备一般性经营条件所必须办理的环节，压缩办理时间。2018年年底前，各直辖市、计划单列市、副省级城市和省会城市要将企业开办时间压缩一半以上，由目前平均20天减至8.5天（指工作日，下同）以内，其他地方也要积极压减企业开办时间，2019年上半年在全国实现上述目标。鼓励各地在立足本地实际、确保工作质量的前提下，进一步加大压缩企业开办时间工作力度。健全压缩企业开办时间工作长效机制和企业开办的制度规范，持续提升我国企业开办便利度。

二、主要任务和工作措施

（一）实施流程再造，大力推行“一窗受理、并行办理”。将申请人依次向各部门提交材料的传统办事流程，改造为一次提交、同步办理、信息共享、限时办结的“一窗受理、并行办理”流程。积极推进电子营业执照在“互联网＋”环境下跨区域跨领域跨行业应用。依托本地区信息共享平台，实现市场监管、公安、税务、人力资源社会保障等部门间企业开办数据的共享交换，确保数据及时、完整、准确。

（二）简化企业登记程序，提升便利化水平。推进企业名称登记管理改革，扩大企业名称自主申报范围，除涉及前置审批事项或企业名称核准与企业设立登记不在同一机关外，企业名称不再实行预先核准，申请人可在办理企业登记时，以自主申报的企业名称一并办理。广泛推行企业登记全程电子化应用，努力提升无纸化、智能化程度。进一步精简企业登记文书表格材料。将办理企业设立登记的时间压缩至5天以内。

（三）将公章刻制备案纳入“多证合一”，提高公章制作效率。严格落实

《国务院关于第三批取消中央指定地方实施行政许可事项的决定》(国发〔2017〕7号),取消公章刻制审批,实行公章刻制备案管理,并将其纳入"多证合一"改革涉企证照事项目录,由市场监管部门采集相关信息、推送至共享平台。各地应在办理企业登记事项的行政服务场所或者共享平台上公布公章制作单位目录,申请人自主选择公章制作单位。公章制作单位应在1天以内完成印章刻制,并按照规定向公安机关备案。严禁指定公章制作单位制作公章,严禁要求企业前往公安机关办理公章刻制备案。

(四)优化新办企业申领发票程序,压缩申领发票时间。税务部门要进一步落实《国务院办公厅关于加快推进"多证合一"改革的指导意见》(国办发〔2017〕41号),对已在登记机关领取加载统一社会信用代码营业执照的企业,不再单独进行税务登记,采用统一社会信用代码进行登记管理。进一步优化发票申领程序,压缩发票申领时间。将新办企业首次办理申领发票的时间压缩至2天以内。

(五)完善企业社会保险登记业务流程,提高参保登记服务效率。强化落实"多证合一、一照一码"改革效果,各级社保经办机构不再单独核发社会保险登记证,取消社会保险登记证的定期验证和换证制度,逐步采用统一社会信用代码进行登记管理。进一步完善数据共享和应用机制,做好企业社会保险登记和职工参保登记业务的衔接,推动职工参保登记业务网上办理,压缩办理时间,为企业提供更加便捷高效的登记服务。

三、组织保障和责任落实

(一)强化责任落实,统筹推进工作。国家市场监督管理总局作为压缩企业开办时间工作的牵头部门,要会同相关部门明确工作分工,加强协同配合。市场监督管理部门负责压缩企业登记办理时间,公安部门负责指导、规范压缩公章办理时间,税务部门负责压缩新办企业申领发票时间,人力资源社会保障部门负责完善企业社会保险登记业务流程。要依法明确统一的工作要求和规范,指导、推动工作落实。对于企业开办前后需要办理有关行政审批的,各部门要优化流程、简化手续、提高效率,加快解决"准入不准营"的问题。地方人民政府要落实主体责任,理顺工作机制,实施流程再造,统筹推进相关信息系统建设,确保完成工作目标。

(二)统一标准体系,依法开展工作。国家发展改革委、国家统计局负责构建全国统一标准的营商环境评价体系,以提升企业和社会公众的感受度、便利度为出发点,科学设定企业开办的评价指标和评价方法;选取北京、上海、广州、深圳等部分城市,针对企业开办等情况进行试评价,并逐步建立常态化评价机制,进一步完善长效机制。各地要积极配合,及时、准确、完整提供相关数据资料;要按照统一标准的评价体系积极依法开展工作,找问题、促整改,不断提升压缩企业开办时间工作效能。要及时推动相关法律法规修订完善,确保各项工作依法合规推进。

(三)加强宣传培训,提升服务水平。各地、各相关部门要采取多种形式,及时总结经验,加强政策解读和宣传引导。要强化企业开办事项培训,加强窗口建设,不断提升服务水平。通过提供网上智能咨询、热线电话咨询或设置专门咨询区域等方式加强辅导服务,设立自助服务区,提供网上办事设施和现场指导。

(四)加大监督检查力度,强化通报问责机制。要坚持放管结合、并重,强化事中事后监管,实行科学监管、精准监管,更好维护市场秩序,推动法治市场、诚信市场建设。国家市场监督管理总局要会同相关部门加强对压缩企业开办时间工作的指导协调,组织开展督促检查,跟踪工作进展,及时通报有关情况;对落实不力、造成严重不良影响的,要予以曝光并严肃问责;重大情况及时向国务院报告。国务院办公厅将适时组织开展督促检查。地方人民政府要及时制定完善本地区压缩企业开办时间的具体实施方案,明确任务、细化措施、抓好督促落实。

国务院办公厅关于开展
工程建设项目审批制度改革试点的通知

(2018年5月14日　国办发〔2018〕33号)

为贯彻落实党中央、国务院关于深化“放管服”改革和优化营商环境的部署要求,推动政府职能转向减审批、强监管、优服务,促进市场公平竞争,国务院决定开展工程建设项目审批制度改革试点。经国务院同意,现就试点工作有关事项通知如下:

一、总体要求

(一)指导思想。全面深入贯彻党的十九大和十九届二中、三中全会精神,以习近平新时代中国特色社会主义思想为指导,按照党中央、国务院关于深化“放管服”改革和优化营商环境的部署要求,以推进政府治理体系和治理能力现代化为目标,对工程建设项目审批制度进行全流程、全覆盖改革,努力构建科学、便捷、高效的工程建设项目审批和管理体系。

(二)试点地区。北京市、天津市、上海市、重庆市、沈阳市、大连市、南京市、厦门市、武汉市、广州市、深圳市、成都市、贵阳市、渭南市、延安市和浙江省。

（三）改革内容。改革覆盖工程建设项目审批全过程（包括从立项到竣工验收和公共设施接入服务）；主要是房屋建筑和城市基础设施等工程，不包括特殊工程和交通、水利、能源等领域的重大工程；覆盖行政许可等审批事项和技术审查、中介服务、市政公用服务以及备案等其他类型事项，推动流程优化和标准化。

（四）工作目标。2018 年，试点地区建成工程建设项目审批制度框架和管理系统，按照规定的流程，审批时间压减一半以上，由目前平均 200 多个工作日压减至 120 个工作日。2019 年，总结推广试点经验，在全国范围开展工程建设项目审批制度改革，上半年将审批时间压减至 120 个工作日，试点地区审批事项和时间进一步减少；地级及以上城市建成工程建设项目审批制度框架和管理系统。2020 年，基本建成全国统一的工程建设项目审批和管理体系。

二、统一审批流程

（五）优化审批阶段。将工程建设项目审批流程主要划分为立项用地规划许可、工程建设许可、施工许可、竣工验收等四个阶段。其中，立项用地规划许可阶段主要包括项目审批核准备案、选址意见书核发、用地预审、用地规划许可等。工程建设许可阶段主要包括设计方案审查、建设工程规划许可证核发等。施工许可阶段主要包括消防、人防等设计审核确认和施工许可证核发等。竣工验收阶段主要包括规划、国土、消防、人防等验收及竣工验收备案等。其他行政许可、涉及安全的强制性评估、中介服务、市政公用服务以及备案等事项纳入相关阶段办理或与相关阶段并行推进。

（六）分类细化流程。根据工程建设项目类型、投资类别、规模大小等，分类细化审批流程，确定审批阶段和审批事项。简化社会投资的中小型工程建设项目审批，对于带方案出让土地的项目，不再对设计方案进行审核，将工程建设许可和施工许可合并为一个阶段。对于出让土地的工程建设项目，将建设用地审批纳入立项用地规划许可阶段。

（七）大力推广并联审批。每个审批阶段确定一家牵头部门，实行“一家牵头、并联审批、限时办结”，由牵头部门组织协调相关部门严格按照限定时间完成审批。

三、精简审批环节

（八）精减审批事项和条件。取消不符合上位法和不合规的审批事项。取消不合理、不必要的审批事项。对于保留的审批事项，要减少审批前置条件，公布审批事项清单。取消施工合同备案、建筑节能设计审查备案等事项。社会投资的房屋建筑工程，建设单位可以自主决定发包方式。

（九）下放审批权限。按照方便企业和群众办事的原则，对下级机关有能力承接的审批事项，下放或委托下级机关审批。相关部门要加强沟通协调，制定配套措施，完善监管制度，开展指导培训，提高审批效能。

（十）合并审批事项。由同一部门实施的管理内容相近或者属于同一办理阶段的多个审批事项，应整合为一个审批事项。推行联合勘验、联合测绘、联合审图、联合验收等。将消防设计审核、人防设计审查等技术审查并入施工图设计文件审查，相关部门不再进行技术审查。推行以政府购买服务方式开展施工图设计文件审查。将工程质量安全监督手续与施工许可证合并办理。规划、国土、消防、人防、档案、市政公用等部门和单位实行限时联合验收，统一竣工验收图纸和验收标准，统一出具验收意见。对于验收涉及的测量工作，实行"一次委托、统一测绘、成果共享"。

（十一）转变管理方式。对于能够用征求相关部门意见方式替代的审批事项，调整为政府内部协作事项。建设工程规划许可证核发时一并进行设计方案审查，由发证部门征求相关部门和单位意见，其他部门不再对设计方案进行单独审查。推行由政府统一组织对地震安全性评价、地质灾害危险性评估、环境影响评价、节能评价等事项实行区域评估。

（十二）调整审批时序。落实取消下放行政审批事项有关要求，环境影响评价、节能评价、地震安全性评价等评价事项不作为项目审批或核准条件，地震安全性评价在工程设计前完成即可，其他评价事项在施工许可前完成即可。可以将用地预审意见作为使用土地证明文件申请办理建设工程规划许可证，用地批准手续在施工许可前完成即可。将供水、供电、燃气、热力、排水、通信等市政公用基础设施报装提前到施工许可证核发后办理，在工程施工阶段完成相关设施建设，竣工验收后直接办理接入事宜。

（十三）推行告知承诺制。对通过事中事后监管能够纠正不符合审批条件的行为且不会产生严重后果的审批事项，实行告知承诺制。公布实行告知承诺制的审批事项清单及具体要求，申请人按照要求作出书面承诺的，审批部门可以直接作出审批决定。对已经实施区域评估的工程建设项目，相应的审批事项实行告知承诺制。在部分工程建设项目中推行建设工程规划许可告知承诺制。

四、完善审批体系

（十四）"一张蓝图"统筹项目实施。加快建立"多规合一"业务协同平台，统筹各类规划。以"多规合一"的"一张蓝图"为基础，统筹协调各部门提出项目建设条件，建设单位落实建设条件要求，相关部门加强监督管理和考核评估。

（十五）“一个系统”实施统一管理。在国家和地方现有信息平台基础上，整合形成“横向到边、纵向到底”的工程建设项目审批管理系统，覆盖各部门和市、县、区、乡镇（街道）各层级，实现统一受理、并联审批、实时流转、跟踪督办、信息共享。其中，涉密工程按照有关保密要求执行。审批管理系统要与“多规合一”业务协同平台、各部门审批管理系统等信息平台互联互通，做到审批过程、审批结果实时传送。通过工程建设项目审批管理系统，加强对地方工程建设项目审批工作的指导和监督管理。

（十六）“一个窗口”提供综合服务。整合各部门和各市政公用单位分散设立的服务窗口，设立工程建设项目审批综合服务窗口。建立完善“前台受理、后台审核”机制，综合服务窗口统一收件、出件，实现“一个窗口”服务和管理。

（十七）“一张表单”整合申报材料。各审批阶段均实行“一份办事指南，一张申请表单，一套申报材料，完成多项审批”的运作模式，牵头部门制定统一的办事指南和申报表格，每一个审批阶段申请人只需提交一套申报材料。不同审批阶段的审批部门应当共享申报材料，不得要求申请人重复提交。

（十八）“一套机制”规范审批运行。建立健全工程建设项目审批配套制度，明确部门职责，明晰工作规程，规范审批行为，确保审批各阶段、各环节无缝衔接。建立审批协调机制，协调解决部门意见分歧。建立督办督查制度，实时跟踪审批办理情况，对全过程实施督查。

五、强化监督管理

（十九）加强事中事后监管。建立与工程建设项目审批制度改革相适应的监管体系。全面推行“双随机、一公开”监管，加大监督检查力度，严肃查处违法违规行为。对于实行告知承诺制的审批事项，审批部门应当在规定时间内对申请人履行承诺的情况进行检查，对申请人未履行承诺的，撤销行政审批决定并追究申请人的相应责任。

（二十）加强信用体系建设。建立工程建设项目审批信用信息平台，建立黑名单制度，将企业和从业人员违法违规、不履行承诺的不良行为向社会公开，构建“一处失信、处处受限”的联合惩戒机制。

（二十一）规范中介和市政公用服务。建立健全管理制度，实行服务承诺制，明确服务标准和办事流程，规范服务收费。依托工程建设项目审批管理系统建立中介服务网上交易平台，对中介服务行为实施全过程监管。

六、统筹组织实施

（二十二）强化组织领导。住房城乡建设部要切实担负起工程建设项目审批制度改革工作的组织协调和督促指导责任，各有关部门要加强协作、密切配合。试点地区人民政府要高度重视工程建设项目审批制度改革工作,成立以主要负责同志为组长的领导小组,完善工作机制,层层压实责任。试点地区要根据本通知编制实施方案,细化分解任务,明确责任部门,制定时间表、路线图,确保试点工作有序推进,并于2018年6月15日前将实施方案报送住房城乡建设部。鼓励改革创新,改革中涉及突破相关法律法规及政策规定的,按照程序报有权机关授权。支持试点地区在立法权限范围内先行先试,依法依规推进改革工作。研究推动在农村地区因地制宜开展相关工程建设项目审批制度改革。

(二十三)建立考评机制。住房城乡建设部要会同相关部门建立工程建设项目审批制度改革考核评价机制,重点考核评价试点地区全流程、全覆盖实施改革情况,考核评价试点地区统一审批流程、精简审批环节、完善审批体系等情况,及时总结试点做法,形成可复制、可推广的经验,并将有关情况报国务院。试点地区人民政府要加大对有关部门改革工作的督查力度,跟踪督查改革任务落实情况。试点地区要定期向住房城乡建设部报送工作进展情况。对于工作推进不力、影响工程建设项目审批制度改革进程的,特别是未按时完成阶段性工作目标的,要依法依规严肃问责。

(二十四)做好宣传引导。试点地区要通过多种形式及时宣传报道相关工作措施和取得的成效,加强舆论引导,增进社会公众对试点工作的了解和支持,及时回应群众关切,为顺利推进试点工作营造良好的舆论环境。

国务院办公厅关于转发 财政部、国务院扶贫办、国家发展改革委 扶贫项目资金绩效管理办法的通知

(2018年5月14日　国办发〔2018〕35号)

财政部、国务院扶贫办、国家发展改革委《扶贫项目资金绩效管理办法》已经国务院同意,现转发给你们,请认真贯彻执行。

扶贫项目资金绩效管理办法

第一条 为深入学习贯彻习近平新时代中国特色社会主义思想和党的十九大精神，落实《中共中央 国务院关于打赢脱贫攻坚战的决定》和《中华人民共和国预算法》要求，全面实施绩效管理，切实提高财政扶贫项目资金使用效益、落实资金监管责任，制定本办法。

第二条 本办法所称扶贫项目资金，是指各级政府及其部门为如期实现脱贫目标，支持脱贫攻坚项目（含对个人和家庭的补助项目）的各类财政资金，包括全部或者部分用于产业扶贫、易地扶贫搬迁、就业扶贫、危房改造、教育扶贫、健康扶贫、生态扶贫、基本医疗、社会救助、农村基础设施建设以及光伏扶贫、旅游扶贫、文化扶贫等项目资金。

第三条 扶贫项目资金绩效管理应当遵循以下原则：

（一）目标导向，注重效果。在关注资金投入和使用过程的同时，更加注重精准脱贫绩效目标的实现程度，聚焦提高脱贫质量和减贫效果。

（二）统一部署，分工负责。国家统一部署，地方各级政府各负其责、各司其职，强化资金使用部门和单位的绩效管理主体责任。

（三）全程跟踪，创新管理。对扶贫项目资金实施全过程绩效跟踪，实行资金使用部门和单位自我管理和外部监管相结合，赋予基层精准施策更大自主权。

（四）压实责任，减轻负担。资金使用单位承担绩效管理主体责任，具体落实到项目负责人。严禁层层组织和多头重复评价检查，避免增加基层迎评迎检负担。

第四条 财政部、国务院扶贫办、国家发展改革委统筹负责扶贫项目资金绩效管理工作。

国务院有关部门应当切实督促本行业实施扶贫项目资金绩效管理，牢固树立绩效管理理念，加强脱贫效果监管。

各省、自治区、直辖市、计划单列市财政部门（以下统称省级财政部门）应当会同有关部门，在省级扶贫开发领导小组的统一领导下，加强对市县扶贫项目资金绩效管理工作的指导和培训。

市县级财政部门应当会同有关部门依照职责，对扶贫项目资金相关预算的编制、执行、决算实施全过程绩效管理。

第五条 市县级有关部门和资金使用单位应当在本级扶贫开发领导小组的统一领导下，在编制年度部门预算、单位预算时，根据中央和本地区预算编制规定和要求、脱贫攻坚规划等，科学合理测算扶贫项目资金需求，设定扶贫项目资金绩效目标。

扶贫项目资金绩效目标应作为预算安排的重要依据，并细化量化为绩效指标，主要包括数量、质量、时效、成本，以及经济效益、社会效益、生态效益、可持续影响和服务对象满意度等指标。

市县级有关部门和资金使用单位未按照要求设定绩效目标的项目，原则上不得纳入扶贫项目库，不得申请相关预算。

第六条 市县级财政部门依据国家相关政策、脱贫攻坚规划等，对有关部门编报的扶贫项目资金绩效目标进行审核，具体包括项目的必要性和可行性、绩效目标与脱贫目标的相关性、绩效指标的合理性和可衡量性、与资金的匹配性等内容。审核未通过的，不得安排相关预算。审核通过并安排预算的，有关部门应当将扶贫项目资金绩效目标报送本级扶贫开发领导小组备案，并编入本部门预算依法予以公开。

第七条 市县级财政部门应当按照规定将相关扶贫项目资金绩效目标随部门预算一同批复至有关部门。有关部门应当将相关扶贫项目资金绩效目标随资金使用单位预算一同批复。

扶贫项目资金绩效目标批复后，原则上不作调整。预算执行中因特殊原因确需调整的，应当按照绩效目标管理要求办理。扶贫项目及相关预算需要变更的，应当按照规定程序同步调整绩效目标。

市县级财政部门应当将批复的扶贫项目资金绩效目标按照规定程序报送省级财政和扶贫部门备案（涉及预算内投资的事项，还应报送发展改革部门，下同）。省级财政部门汇总本地区扶贫项目资金绩效目标后应当及时报送财政部驻当地财政监察专员办事处。

第八条 预算执行中，市县级有关部门应当建立扶贫项目资金绩效目标执行监控机制，组织资金使用单位定期对预算和绩效目标执行情况进行跟踪分析，并向本级财政和扶贫部门报送绩效目标执行监控结果。扶贫项目资金实际执行与绩效目标偏离的，应当及时予以纠正。

市县级财政部门应当加强监控结果应用，发现问题的，应当及时予以处理；问题严重的，应当及时收回或暂缓拨付财政资金。

市县级财政部门要充分利用相关动态监控信息系统，开展绩效目标执行监控。市县级财政部门负责将扶贫项目资金绩效目标及指标嵌入系统，市县级资金使用单位负责在线填报扶贫项目资金使用情况和绩效目标执行情况并上传相关证明资料，省级财政部门和财政部驻当地财政监察专员办事处负责实时监控。

第九条 年度预算执行终了，市县级有关部门应当组织资金使用单位开展绩效自评，填报绩效目标完成情况，对未完成目标的分析原因并提出下一步改进措施。

市县级有关部门应当将绩效自评结果及时报送本级财政和扶贫部门。

市县级财政部门会同本级审计部门对扶贫项目资金绩效自评结果进行抽查。

绩效自评结果和抽查结果应当作为有关部门和单位改进管理、调整财政支出方向和安排以后年度预算的重要依据。

第十条 各级财政和扶贫部门根据需要，可以对扶贫重点项目和重点区域资金使用情况组织开展绩效评价，并将评价结果及时反馈有关部门和单位，要求其对发现的问题进行整改。

各级财政和扶贫部门的绩效评价结果作为以后年度财政资金分配的重要依据。

各级财政和扶贫部门开展绩效评价可以委托第三方机构进行。

省级扶贫开发领导小组应当将扶贫项目资金绩效管理情况纳入市县扶贫工作考核内容。

市县级财政部门应当将绩效评价结果编入本级决算并依法予以公开。市县级有关部门应当将绩效自评结果编入本部门决算并依法予以公开。

第十一条 扶贫项目资金绩效管理中存在滥用职权、玩忽职守、徇私舞弊等违法违规行为的，按照《中华人民共和国预算法》、《财政违法行为处罚处分条例》等法律法规规定追究相关部门和人员责任。涉嫌犯罪的，依法移送司法机关处理。

第十二条 本办法自印发之日起施行。

国务院办公厅关于调整国务院残疾人工作委员会组成人员的通知

（2018 年 5 月 16 日　国办发〔2018〕36 号）

各省、自治区、直辖市人民政府，国务院各部委、各直属机构：

根据机构设置、人员变动情况和工作需要，国务院对国务院残疾人工作委员会组成人员作了调整。现将调整后的名单通知如下：

主　任:	王　勇	国务委员
副主任:	孟　扬	国务院副秘书长
	张海迪	中国残联主席
	朱之文	教育部副部长
	高晓兵	民政部副部长
	张义珍	人力资源社会保障部副部长
	王贺胜	国家卫生健康委员会副主任
	鲁　勇	中国残联党组书记、理事长
委　员:	庄荣文	中央宣传部副部长
	张　军	外交部部长助理
	连维良	国家发展改革委副主任
	徐南平	科技部副部长
	陈肇雄	工业和信息化部副部长
	陈改户	国家民委副主任
	侍　俊	公安部副部长
	熊选国	司法部副部长
	余蔚平	财政部副部长
	易　军	住房城乡建设部副部长
	刘小明	交通运输部副部长
	韩　俊	农业农村部副部长
	项兆伦	文化和旅游部副部长
	钱　锋	退役军人事务部副部长
	郑国光	应急管理部副部长、中国地震局局长
	潘功胜	中国人民银行副行长
	李　国	海关总署副署长
	孙瑞标	税务总局副局长
	马正其	国家市场监督管理总局副局长
	范卫平	国家广播电视总局副局长
	赵　勇	体育总局副局长
	贾　楠	国家统计局副局长
	（待定）	国家医疗保障局负责同志
	夏更生	国务院扶贫办党组成员
	商亚恒	中央军委政治工作部组织局局长

焦开河　　全国总工会副主席、书记处书记
尹冬梅　　共青团中央书记处书记
谭　琳　　全国妇联副主席、书记处书记
王　纬　　农业银行副行长
秘书长:孙先德　　中国残联党组副书记、副理事长

国务院残疾人工作委员会的具体工作由中国残联承担。

国务院办公厅关于加强行政规范性文件制定和监督管理工作的通知

(2018 年 5 月 16 日　国办发〔2018〕37 号)

行政规范性文件是除国务院的行政法规、决定、命令以及部门规章和地方政府规章外,由行政机关或者经法律、法规授权的具有管理公共事务职能的组织(以下统称行政机关)依照法定权限、程序制定并公开发布,涉及公民、法人和其他组织权利义务,具有普遍约束力,在一定期限内反复适用的公文。制发行政规范性文件是行政机关依法履行职能的重要方式,直接关系群众切身利益,事关政府形象。近年来,各地区、各部门不断加强行政规范性文件制定和监督管理工作,取得了一定成效,但乱发文、出台"奇葩"文件的现象还不同程度地存在,侵犯了公民、法人和其他组织的合法权益,损害了政府公信力。为全面贯彻习近平新时代中国特色社会主义思想和党的十九大精神,落实党中央、国务院关于推进依法行政、建设法治政府的部署和要求,切实保障群众合法权益,维护政府公信力,经国务院同意,现就加强行政规范性文件制定和监督管理工作通知如下:

一、严格依法行政,防止乱发文件

(一)*严禁越权发文。*坚持法定职责必须为、法无授权不可为,严格按照法定权限履行职责,严禁以部门内设机构名义制发行政规范性文件。要严格落实权责清单制度,行政规范性文件不得增加法律、法规规定之外的行政权力事项或者减少法定职责;不得设定行政许可、行政处罚、行政强制等事项,增加办理行政许可事项的条件,规定出具循环证明、重复证明、无谓证明的内容;不得违法减损公民、法人和其他组织的合法权益或者增加其义务,侵犯公民人身权、财产权、人格权、劳动权、休息权等基本权利;不得超越职权规定应由市场调节、企业和社会自律、公民自我管理的事项;不得违法制定含有排除或者限

制公平竞争内容的措施，违法干预或者影响市场主体正常生产经营活动，违法设置市场准入和退出条件等。

（二）严控发文数量。凡法律、法规、规章和上级文件已经作出明确规定的，现行文件已有部署且仍然适用的，不得重复发文；对内容相近、能归并的尽量归并，可发可不发、没有实质性内容的一律不发，严禁照抄照搬照转上级文件、以文件"落实"文件。确需制定行政规范性文件的，要讲求实效，注重针对性和可操作性，并严格文字把关，确保政策措施表述严谨、文字精练、准确无误。

二、规范制发程序，确保合法有效

（三）严格制发程序。行政规范性文件必须严格依照法定程序制发，重要的行政规范性文件要严格执行评估论证、公开征求意见、合法性审核、集体审议决定、向社会公开发布等程序。要加强制发程序管理，健全工作机制，完善工作流程，确保制发工作规范有序。

（四）认真评估论证。全面论证行政规范性文件制发的必要性、可行性和合理性，是确保行政规范性文件合法有效的重要前提。起草行政规范性文件，要对有关行政措施的预期效果和可能产生的影响进行评估，对该文件是否符合法律法规和国家政策、是否符合社会主义核心价值观、是否符合公平竞争审查要求等进行把关。对专业性、技术性较强的行政规范性文件，要组织相关领域专家进行论证。评估论证结论要在文件起草说明中写明，作为制发文件的重要依据。

（五）广泛征求意见。除依法需要保密的外，对涉及群众切身利益或者对公民、法人和其他组织权利义务有重大影响的行政规范性文件，要向社会公开征求意见。起草部门可以通过政府网站、新闻发布会以及报刊、广播、电视等便于群众知晓的方式，公布文件草案及其说明等材料，并明确提出意见的方式和期限。对涉及群众重大利益调整的，起草部门要深入调查研究，采取座谈会、论证会、实地走访等形式充分听取各方面意见，特别是利益相关方的意见。建立意见沟通协商反馈机制，对相对集中的意见建议不予采纳的，公布时要说明理由。

（六）严格审核把关。建立程序完备、权责一致、相互衔接、运行高效的行政规范性文件合法性审核机制，是做好合法性审核工作的重要保证。起草部门要及时将送审稿及有关材料报送制定机关的办公机构和负责合法性审核的部门，并保证材料的完备性和规范性。制定机关的办公机构要对起草部门是否严格依照规定的程序起草、是否进行评估论证、是否广泛征求意见等进行审核。制定机关负责合法性审核的部门要对文件的制定主体、程序、有关内容等是否符合法律、法规和规章的规定,及时进行合法性审核。未经合法性审核或者经审核不合法的,不得提交集体审议。

(七)坚持集体审议。制定行政规范性文件要实行集体研究讨论制度,防止违法决策、专断决策、“拍脑袋”决策。地方各级人民政府制定的行政规范性文件要经本级政府常务会议或者全体会议审议决定,政府部门制定的行政规范性文件要经本部门办公会议审议决定。集体审议要充分发扬民主,确保参会人员充分发表意见,集体讨论情况和决定要如实记录,不同意见要如实载明。

(八)及时公开发布。行政规范性文件经审议通过或批准后,由制定机关统一登记、统一编号、统一印发,并及时通过政府公报、政府网站、政务新媒体、报刊、广播、电视、公示栏等公开向社会发布,不得以内部文件形式印发执行,未经公布的行政规范性文件不得作为行政管理依据。对涉及群众切身利益、社会关注度高、可能影响政府形象的行政规范性文件,起草部门要做好出台时机评估工作,在文件公布后加强舆情收集,及时研判处置,主动回应关切,通过新闻发布会、媒体访谈、专家解读等方式进行解释说明,充分利用政府网站、社交媒体等加强与公众的交流和互动。县级以上各级人民政府要逐步构建权威发布、信息共享、动态更新的行政规范性文件信息平台,以大数据等技术手段实现对文件的标准化、精细化、动态化管理。

三、加强监督检查,严格责任追究

(九)健全责任机制。地方各级人民政府对所属部门、上级人民政府对下级人民政府、各部门对本部门制发的行政规范性文件要加强监督检查,发现存在侵犯公民、法人和其他组织合法权益,损害政府形象和公信力的,要加大查处力度,对负有责任的领导干部和直接责任人员,依纪依法追究责任。对问题频发、造成严重后果的地方和部门,要通过约谈或者专门督导等方式督促整改,必要时向社会曝光。

(十)强化备案监督。健全行政规范性文件备案监督制度,做到有件必备、有备必审、有错必纠。制定机关要及时按照规定程序和时限报送备案,主动接受监督。省级以下地方各级人民政府制定的行政规范性文件要报上一级人民政府和本级人民代表大会常务委员会备案,地方人民政府部门制定的行政规范性文件要报本级人民政府备案,地方人民政府两个或两个以上部门联合制定的行政规范性文件由牵头部门负责报送备案。实行垂直管理的部门,下级部门制定的行政规范性文件要报上一级主管部门备案,同时抄送文件制定机关所在地的本级人民政府。地方人民政府负责备案审查的部门要加大备案监督力度,及时处理违法文件,对审查发现的问题可以采取适当方式予以通报。

健全行政规范性文件动态清理工作机制，根据全面深化改革、全面依法治国要求和经济社会发展需要，以及上位法和上级文件制定、修改、废止情况，及时对本地区、本部门行政规范性文件进行清理。充分利用社会监督力量，健全公民、法人和其他组织对行政规范性文件建议审查制度。加强党委、人大、政府等系统备案工作机构的协作配合，建立备案审查衔接联动机制。探索与人民法院、人民检察院建立工作衔接机制，推动行政监督与司法监督形成合力，及时发现并纠正违法文件。

（十一）加强督查考核。完善行政规范性文件制发管理制度，充分发挥政府督查机制作用，将行政规范性文件制定和监督管理工作纳入法治政府建设督察的内容，并作为依法行政考核内容列入法治政府建设考评指标体系。建立督查情况通报制度，对工作落实好的，予以通报表扬；对工作落实不力的，予以通报批评。

各地区、各部门要按照要求抓紧对本地区、本部门的文件开展自查自纠，发现存在违反法律法规和国家政策、侵犯群众合法权益的“奇葩”文件等问题的，要及时纠正，造成严重影响的，要按照有关规定严肃问责。要做好机构改革过程中行政规范性文件清理和实施的衔接工作，新组建或者职责调整的政府部门要对本部门负责实施的行政规范性文件进行清理，需要修改的，及时进行修改；不需要修改的，做好继续实施的衔接工作，确保依法履职。

各地区、各部门要将本通知的贯彻落实情况和工作中遇到的重要事项及时报司法部。

国务院办公厅关于成立第四次全国经济普查领导小组的通知

（2018年5月21日　国办发〔2018〕38号）

为加强对第四次全国经济普查工作的领导，根据《全国经济普查条例》和《国务院关于开展第四次全国经济普查的通知》（国发〔2017〕53号），国务院决定成立第四次全国经济普查领导小组（以下简称领导小组），现将有关事项通知如下：

一、主要职责

负责第四次全国经济普查组织和实施，协调解决普查中的重大问题。

二、组成人员

组　长：韩　正　　国务院副总理

副组长：丁学东　　国务院副秘书长

　　　　宁吉喆　　发展改革委副主任、统计局局长

　　　　孙志军　　中央宣传部副部长

成　员：牛占华　　中央编办副主任

　　　　雷东生　　中央政法委副秘书长

　　　　唐承沛　　民政部副部长

　　　　余蔚平　　财政部副部长

　　　　任荣发　　税务总局副局长

　　　　唐　军　　国家市场监督管理总局副局长

　　　　贾　楠　　统计局副局长

三、工作机构及其职责

领导小组办公室设在统计局，承担领导小组的日常工作，研究提出需领导小组决策的建议方案，督促落实领导小组议定事项，加强与有关地区和部门的沟通协调，承办领导小组交办的其他事项，办公室主任由统计局副局长贾楠兼任。

领导小组成员因工作变动需要调整的，由所在单位向领导小组办公室提出，报领导小组组长审批。领导小组不作为国务院议事协调机构，任务完成后自动撤销。

国务院关于国务院机构改革涉及行政法规规定的行政机关职责调整问题的决定

（2018 年 5 月 24 日　国发〔2018〕17 号）

为贯彻党的十九大和十九届二中、三中全会精神，根据第十三届全国人民代表大会第一次会议批准的《国务院机构改革方案》，按照第十三届全国人民代表大会常务委员会第二次会议审议通过的《全国人民代表大会常务委员会关于国务院机构改革涉及法律规定的行政机关职责调整问题的决定》确定的原则，平稳有序调整行政法规规定的行政机关职责和工作，确保行政机关依法履行职责、开展工作，推进国家机构设置和职能配置优化协同高效，现就国务院机构改革涉及行政法规规定的行政机关职责调整问题作出如下决定：

一、现行行政法规规定的行政机关职责和工作,《国务院机构改革方案》确定由组建后的行政机关或者划入职责的行政机关承担的,在有关行政法规规定尚未修改或者废止之前,调整适用有关行政法规规定,由组建后的行政机关或者划入职责的行政机关承担;相关职责尚未调整到位之前,由原承担该职责和工作的行政机关继续承担。

地方各级行政机关承担行政法规规定的职责和工作需要进行调整的,按照上述原则执行。

二、行政法规规定上级行政机关对下级行政机关负有批准、备案、复议等管理监督指导等职责的,上级行政机关职责已调整到位、下级行政机关职责尚未调整到位的,由《国务院机构改革方案》确定承担该职责的上级行政机关履行有关管理监督指导等职责。

三、实施《国务院机构改革方案》需要制定、修改、废止行政法规,或者需要由国务院作出相关决定的,国务院有关部门应当及时提出意见和建议,司法部起草草案后,依照法定程序报国务院审批。

四、实施《国务院机构改革方案》需要修改或者废止部门规章和规范性文件的,国务院有关部门要抓紧清理,及时修改或者废止。相关职责已经调整,原承担该职责和工作的行政机关制定的部门规章和规范性文件中涉及职责和工作调整的有关规定尚未修改或者废止之前,由承接该职责和工作的行政机关执行。

五、各级行政机关要精心组织,周密部署,确保行政机关履行法定职责、开展工作的连续性、稳定性、有效性,特别是做好涉及民生、应急、安全生产等重点领域工作。上级行政机关要加强对下级行政机关的监督指导,划入、划出职责的部门要主动衔接,加强协作,防止工作断档、推诿扯皮、不作为、乱作为,切实保障公民、法人和其他组织的合法权益。

国务院办公厅关于公布山西太宽河等5处新建国家级自然保护区名单的通知

(2018年5月31日　国办发〔2018〕41号)

山西太宽河、吉林头道松花江上游、吉林甑峰岭、黑龙江细鳞河、贵州大沙河等5处新建国家级自然保护区已经国务院审定,现将名单予以公布。新建国家级自然保护区的面积、范围和功能分区等由生态环境部另行公布。有关地区要按照批准的面积和范围组织勘界，落实自然保护区土地权属，并在规定的时限内标明区界，予以公告。

自然保护区是推进生态文明、建设美丽中国的重要载体。强化自然保护区建设和管理，是贯彻落实新发展理念的具体行动，是落实生态保护红线、维护国家生态安全的重要保障，是保护生物多样性、确保各类自然生态系统安全稳定、改善生态环境质量的有效举措。有关地区和部门要严格执行自然保护区条例等有关规定，认真贯彻《国务院办公厅关于做好自然保护区管理有关工作的通知》（国办发〔2010〕63号）要求，严格落实生态环境保护责任，加强组织领导和协调配合，健全管理机构，加大资金投入，强化对涉及自然保护区各类环境违法违规行为的监管执法力度，妥善处理好自然保护区管理与当地经济社会发展及居民生产生活的关系，确保各项管理措施得到落实，不断提高国家级自然保护区建设和管理水平。

新建国家级自然保护区名单

（共计5处）

山西省

太宽河国家级自然保护区

吉林省

头道松花江上游国家级自然保护区

甑峰岭国家级自然保护区

黑龙江省

细鳞河国家级自然保护区

贵州省

大沙河国家级自然保护区

国务院部门规章

中华人民共和国海关关于最不发达国家特别优惠关税待遇进口货物原产地管理办法

（2017年3月1日海关总署令第231号公布　自2017年4月1日起施行　国法备字[2018000759]）

第一条　为了正确确定与我国建交的最不发达国家特别优惠关税待遇进口货物的原产地，促进我国与有关国家间的经贸往来，根据《中华人民共和国海关法》、《中华人民共和国进出口货物原产地条例》的有关规定，制定本办法。

第二条　本办法适用于从与我国建交的最不发达国家（以下称受惠国）进口并且享受特别优惠关税待遇货物的原产地管理。

第三条　进口货物符合下列条件之一的，其原产国为受惠国：

（一）完全在受惠国获得或者生产的；

（二）在受惠国境内全部使用符合本办法规定的原产材料生产的；

（三）在受惠国境内非完全获得或者生产，但是在该受惠国完成实质性改变的。

本条第一款第（三）项所称"实质性改变"，按照本办法第五条、第六条规定的标准予以确定。

原产于受惠国的货物，从受惠国直接运输至中国境内的，可以按照本办法规定申请适用《中华人民共和国进出口税则》（以下简称《税则》）中相应的特惠税率。

第四条　本办法第三条第一款第（一）项所称"完全在受惠国获得或者生产"的货物是指：

（一）在该受惠国出生并且饲养的活动物；

（二）在该受惠国从本条第（一）项所指的动物中获得的货物；

（三）在该受惠国收获、采摘或者采集的植物和植物产品；

（四）在该受惠国狩猎或者捕捞获得的货物；

（五）在该受惠国注册或者登记，并且合法悬挂该受惠国国旗的船只，在该受惠国根据符合其缔结的相关国际协定可以适用的国内法有权开发的境外水域得到的鱼类、甲壳类动物以及其他海洋生物；

（六）在该受惠国注册或者登记，并且合法悬挂该受惠国国旗的加工船上加工本条第（五）项所列货物获得的货物；

（七）在该受惠国开采或者提取的矿产品以及其他天然生成物质，或者从该受惠国根据符合其缔结的相关国际协定可以适用的国内法有权开采的境外水域、海床或者海床底土得到或者提取的除鱼类、甲壳类动物以及其他海洋生物以外的货物；

（八）在该受惠国消费过程中产生并且收集的仅适用于原材料回收的废旧物品；

（九）在该受惠国加工制造过程中产生的仅适用于原材料回收的废碎料；

（十）利用本条第（一）项至第（九）项所列货物在该受惠国加工所得的货物。

第五条　除《与我国建交的最不发达国家产品特定原产地规则》另有规定外，在受惠国境内使用非受惠国原产材料进行制造或者加工，所得货物在《税则》中的四位数级税则归类发生变化的，应当视为原产于该受惠国的货物。

使用非受惠国原产材料制造或者加工的货物，生产过程中所使用的非原产材料不符合本条第一款规定，但是按照《海关估价协定》确定的非原产材料成交价格不超过该货物价格的10%，并且符合本办法其他适用规定的，该货物仍然应当视为受惠国原产货物。

第六条　除《与我国建交的最不发达国家产品特定原产地规则》另有规定外，在受惠国境内使用非受惠国原产材料生产的货物，其区域价值成分不低于所得货物价格40%的，应当视为原产于该受惠国的货物。

本条第一款所称货物的区域价值成分应当按照下列方法计算比例：

$$\text{区域价值成分} = \frac{\text{货物价格} - \text{非原产材料价格}}{\text{货物价格}} \times 100\%$$

其中，“货物价格”是指按照《海关估价协定》，在船上交货价格（FOB）基础上调整的货物价格。“非原产材料价格”是指按照《海关估价协定》确定的非原产材料的进口成本、运至目的港口或者地点的运费和保险费（CIF），包括不明原产地材料的价格。非原产材料由生产商在受惠国境内获得时，按照《海关估价协定》确定的成交价格，不包括将该非原产材料从供应商仓库运抵生产商所在地过程中产生的运费、保险费、包装费以及其他任何费用。

第七条 原产于中国的货物或者材料在受惠国境内被用于生产另一货物的，该货物或者材料应当视为受惠国的原产货物或者材料。

受惠国是特定区域性集团成员国的，该集团内其他受惠国的原产货物或者材料在该受惠国用于生产另一货物时，所使用的其他受惠国的原产货物或者材料可以视为该受惠国的原产货物或者材料。

第八条 下列微小加工或者处理不影响货物原产地确定：

（一）为确保货物在运输或者储藏期间处于良好状态而进行的处理；

（二）把物品零部件装配成完整品，或者将产品拆成零部件的简单装配或者拆卸；

（三）更换包装、分拆、组合包装；

（四）洗涤、清洁、除尘、除去氧化物、除油、去漆以及去除其他涂层；

（五）纺织品的熨烫或者压平；

（六）简单的上漆以及磨光工序；

（七）谷物以及大米的去壳、部分或者完全的漂白、抛光以及上光；

（八）食糖上色或者加味，或者形成糖块的操作；部分或者全部将晶糖磨粉；

（九）水果、坚果以及蔬菜的去皮、去核以及去壳；

（十）削尖、简单研磨或者简单切割；

（十一）过滤、筛选、挑选、分类、分级、匹配（包括成套物品的组合）、纵切、弯曲、卷绕、展开；

（十二）简单装瓶、装罐、装壶、装袋、装箱或者装盒、固定于纸板或者木板以及其他简单的包装工序；

（十三）在产品或者其包装上粘贴或者印刷标志、标签、标识以及其他类似的区别标记；

（十四）同类或者不同类产品的简单混合；糖与其他材料的混合；

（十五）测试或者校准；

（十六）仅仅用水或者其他物质稀释，未实质改变货物的性质；

（十七）干燥、加盐（或者盐渍）、冷藏、冷冻；

（十八）动物屠宰；

（十九）第（一）项至第（十八）项中两项或者多项工序的组合。

第九条 属于《税则》归类总规则三所规定的成套货物，其中全部货物均原产于某一受惠国的，该成套货物即为原产于该受惠国；其中部分货物非原产于该受惠国，但是按照本办法第六条确定的比例未超过该成套货物价格15%的，该成套货物仍应当视为原产于该受惠国。

第十条 在确定货物的原产地时，货物生产过程中使用，本身不构成货物物质成分、也不成为货物组成部件的下列材料或者物品，其原产地不影响货物原产地的确定：

（一）燃料、能源、催化剂以及溶剂；

（二）用于测试或者检验货物的设备、装置以及用品；

（三）手套、眼镜、鞋靴、衣服、安全设备以及用品；

（四）工具、模具以及型模；

（五）用于维护设备和厂房建筑的备件以及材料；

（六）在生产中使用或者用于运行设备和维护厂房建筑的润滑剂、油（滑）脂、合成材料以及其他材料；

（七）在货物生产过程中使用，未构成该货物组成成分，但是能够合理表明其参与了该货物生产过程的任何其他货物。

第十一条 货物适用税则归类改变标准的，在确定货物的原产地时，与货物一起申报进口并在《税则》中与该货物一并归类的包装、包装材料和容器，以及正常配备的附件、备件、工具以及介绍说明性材料，不单独开具发票的，其原产地不影响货物原产地的确定。

货物适用区域价值成分标准的，在计算货物的区域价值成分时，与货物一起申报进口并在《税则》中与该货物一并归类的包装、包装材料和容器，以及正常配备的附件、备件、工具以及介绍说明性材料的价格应当予以计算。

第十二条 本办法所称直接运输，是指受惠国原产货物从该受惠国直接运输至我国境内，途中未经过中国和该受惠国以外的其他国家或者地区（以下简称"其他国家或者地区"）。

受惠国原产货物经过其他国家或者地区运输至我国境内，不论在运输途中是否转换运输工具或者作临时储存，同时符合下列条件的，应当视为直接运输：

（一）未进入其他国家或者地区的贸易或者消费领域；

（二）该货物在经过其他国家或者地区时，未做除装卸或者其他为使货物保持良好状态所必需处理以外的其他处理；

（三）处于该国家或者地区海关的监管之下。

本条第二款规定情形下，相关货物进入其他国家或者地区停留时间最长不得超过 6 个月。

第十三条 海关有证据证明进口货物有规避本办法嫌疑的，该进口货物不得享受特别优惠关税待遇。

第十四条 进口货物收货人或者其代理人应当在运输工具申报进境之日

起14日内按照海关的申报规定填制《中华人民共和国海关进口货物报关单》，申明适用特惠税率，并且同时提交下列单证，海关总署另有规定的除外：

（一）符合本办法规定，并且在有效期内的原产地证书（格式见附件1）或者原产地声明（格式见附件2）；

（二）货物的商业发票；

（三）货物的全程运输单证。

货物经过其他国家或者地区运输至中国境内的，还应当提交其他国家或者地区海关出具的证明文件或者海关认可的其他证明文件。

海关已经通过相关信息交换系统接收受惠国原产地证书、证明文件电子数据的，对于该受惠国的原产货物，进口货物收货人或者其代理人无需提交相应的纸本单证。

进口货物收货人或者其代理人提交的本条第一款第（三）项所述运输单证可以满足直接运输相关规定的，也无需提交本条第二款所述证明文件。

第十五条 除海关总署另有规定外，原产地申报为受惠国的进口货物，其进口货物收货人或者其代理人在申报进口时未提交有效原产地证书或者原产地声明，或者海关未接收到第十四条第三款所述电子数据的，应当在货物放行前就该进口货物是否具备受惠国原产资格向海关进行补充申报（格式见附件3）。

进口货物收货人或者其代理人依照前款规定就进口货物具备受惠国原产资格向海关进行补充申报并且依法提供相应税款担保的，海关按照规定办理进口手续，依照法律、行政法规规定不得办理担保的情形除外。由于提前放行等原因已经提交了与货物可能承担的最高税款总额相当的税款担保的，可以不再单独就货物是否具有原产资格提供担保。

进口货物收货人或者其代理人未按照有关规定向海关申报进口的，或者进口货物收货人或者其代理人在货物申报进口时未申明适用《税则》中的特惠税率，也未按照本条规定就该进口货物是否具备受惠国原产资格进行补充申报的，有关进口货物不适用《税则》中的特惠税率。

进口货物收货人或者其代理人在货物放行后向海关申请适用《税则》中特惠税率的，已征税款不予调整。

第十六条 进口货物收货人或者其代理人向海关提交的有效原产地证书应当同时符合下列条件：

（一）由受惠国政府指定的签证机构在货物不晚于出口后5个工作日内签发；

（二）符合本办法附件1所列格式，以英文填制；

（三）符合与受惠国通知中国海关的签证机构印章样本，以及海关或者口岸主管部门印章和签名相符等安全要求；

（四）所列的一项或者多项货物为同一批次的进口货物；

（五）具有不重复的有效原产地证书编号；

（六）注明确定货物具有原产资格的依据。

原产地证书自签发之日起1年内有效。

第十七条 海关已经应进口货物收货人或者其代理人申请依法作出原产地裁定，确认进口货物原产地为受惠国的，如果该裁定处于有效状态，据以作出该裁定的依据和事实也没有发生变化的，则该裁定项下货物进口时，进口货物收货人或者其代理人可以向海关提交原产地声明，申明适用《税则》中的特惠税率。

进口货物收货人或者其代理人向海关提交的原产地声明应当同时符合下列条件：

（一）符合本办法附件2所列格式，并且以中文填制；

（二）由进口货物收货人或者其代理人打印后填写并且正确署名；

（三）一份原产地声明只能对应一项裁定。

该声明自署名之日起1年内有效。

第十八条 海关对原产地证书的真实性、相关货物是否原产于相关受惠国或者是否符合本办法其他规定产生怀疑时，海关总署可以直接或者通过中国驻相关受惠国使领馆经济商务参赞处（室）向受惠国海关或者有效原产地证书签证机构提出核查要求，并且要求其自收到核查要求之日起180日内予以答复。必要时，经受惠国相关主管部门同意，海关总署可以派员访问受惠国的出口商或者生产商所在地，对受惠国主管机构的核查程序进行实地考察。

海关对进口货物收货人或者其代理人提交的原产地声明有疑问的，可以对出具该原产地声明的进口货物收货人或者其代理人开展核查，被核查的进口货物收货人或者其代理人应当自收到核查要求之日起180日内向海关提交书面答复。

未能在上述期限内收到答复的，该货物不得适用特惠税率。

在等待受惠国原产地证书核查结果期间，依照进口货物收货人或者其代理人的申请，海关可以依法选择按照该货物适用的最惠国税率、普通税率或者其他税率收取等值保证金后放行货物，并按规定办理进口手续、进行海关统计。核查完毕后，海关应当根据核查结果，立即办理退还保证金手续或者办理保证金转为进口税款手续，海关统计数据应当作相应修改。

对国家限制进口或者有违法嫌疑的进口货物，海关在原产地证书核查完毕前不得放行。

第十九条 有下列情形之一的，自货物进口之日起1年内，进口货物收货人或者其代理人可以在海关批准的担保期限内向海关申请解除税款担保：

(一)进口货物收货人或者其代理人已经按照本办法规定向海关进行补充申报并且提交了本办法第十四条所述有效原产地证书、原产地声明或者证明文件的；

(二)海关收到本办法第十四条第一款第(一)项、第二款所述电子数据的。

第二十条 同一批次进口的受惠国原产货物，经海关依法审定的完税价格不超过6000元人民币的，免予提交有效原产地证书或者原产地声明。

为规避本办法规定，一次或者多次进口货物的，不适用前款规定。

第二十一条 原产地证书被盗、遗失或者损毁，并且未经使用的，进口货物收货人或者其代理人可以要求该进口货物的出口人向受惠国原签证机构申请在原证书有效期内签发经核准的原产地证书真实副本。该副本应当在备注栏以英文注明“原产地证书正本(编号______日期______)经核准的真实副本”字样。经核准的原产地证书真实副本向海关提交后，原产地证书正本失效。原产地证书正本已经使用的，经核准的原产地证书副本无效。

第二十二条 有下列情形之一的，原产地证书可以在货物出口之日起1年内予以补发：

(一)由于不可抗力没有在货物不晚于出口后5个工作日内签发原产地证书的；

(二)授权机构确信已签发原产地证书，但由于不符合本办法第十六条规定，原产地证书未被海关接受的。

补发的原产地证书应当以英文注明“补发”字样。本条第一款第(一)项情形下，补发证书自货物实际出口之日起1年内有效；在第一款第(二)项情形下，补发证书的有效期应当与原原产地证书的有效期相一致。

第二十三条 具有下列情形之一的，进口货物不适用特惠税率：

(一)进口货物不具备受惠国原产资格；

(二)申报进口时，进口货物收货人或者其代理人没有按照本办法第十四条规定提交有效原产地证书或者原产地声明，也未就进口货物是否具备受惠国原产资格进行补充申报的；

(三)原产地证书或者原产地声明不符合本办法规定的；

(四)原产地证书所列货物与实际进口货物不符的；

(五)自受惠国海关或者签证机构收到原产地核查请求之日起180日内，海关没有收到受惠国海关或者签证机构答复结果，或者该答复结果未包含足以确定有效原产地证书真实性或者货物真实原产地信息的；

（六）自进口货物收货人或者其代理人收到原产地核查请求之日起180日内，海关没有收到进口货物收货人或者其代理人答复结果，或者该答复结果未包含足以确定有效原产地证书真实性或者货物真实原产地信息的；

（七）进口货物收货人或者其代理人存在其他不遵守本办法有关规定行为的。

第二十四条 海关对依照本办法规定获得的商业秘密依法负有保密义务。未经进口货物收货人同意，海关不得泄露或者用于其他用途，但是法律、行政法规及相关司法解释另有规定的除外。

第二十五条 违反本办法，构成走私行为、违反海关监管规定行为或者其他违反《中华人民共和国海关法》行为的，由海关依照《中华人民共和国海关法》和《中华人民共和国海关行政处罚实施条例》的有关规定予以处理；构成犯罪的，依法追究刑事责任。

第二十六条 本办法下列用语的含义：

受惠国，是指与中国签有对最不发达国家特别优惠关税待遇换文的国家或者地区；

材料，是指以物理形式构成另一货物的组成部分或者在生产另一货物的过程中所使用的货物，包括任何组件、零件、部件、成分或者原材料；

原产材料，是指根据本办法规定具备原产资格的材料；

生产，是指货物获得的方法，包括货物的种植、饲养、提取、采摘、采集、开采、收获、捕捞、诱捕、狩猎、制造、加工或者装配；

《海关估价协定》，是指作为《马拉喀什建立世贸组织协定》一部分的《关于履行1994年关税与贸易总协定第7条的协定》。

第二十七条 本办法中《与我国建交的最不发达国家产品特定原产地规则》和区域性集团名单由海关总署另行公告。

第二十八条 本办法由海关总署负责解释。

第二十九条 本办法自2017年4月1日起施行。2010年6月28日海关总署令第192号公布的《中华人民共和国海关最不发达国家特别优惠关税待遇进口货物原产地管理办法》、2013年7月1日海关总署令第210号公布的《海关总署关于修改〈中华人民共和国海关最不发达国家特别优惠关税待遇进口货物原产地管理办法〉的决定》同时废止。

附件：1. 原产地证书

2. 原产地证明

3.《中华人民共和国海关进出口货物优惠原产地管理规定》进口货物原产资格申明

附件1

ORIGINAL

1. Exporter's name and address:	Certificate No. : **CERTIFICATE OF ORIGIN Form for the Special Preference Treatment (Combination of Declaration and Certificate of Origin)** Issued in (see Overleaf Instruction)
2. Producer's name and address:	
3. Consignee's name and address:	
4. Means of transport and route Departure Date: Vessel/Flight/Train/Vehicle No. : Port of loading: Port of discharge:	Official use only: 5. Remarks:

6. Item number	7. Marks and packages NO.	8. Number and kind of packages; description of goods	9. HS code (Six-digit code)	10. Origin criterion	11. Net weight, quantity (Quantity Unit) or other measures (liters, m^3, etc.)	12. Number, date and value of invoice

13. Declaration by the Exporter:	14. Certification:	15. Verification of Customs or Port Competent Department:
The undersigned hereby declares that the above details and statements are correct, that all the goods were produced in .... (country) and that they comply with the origin requirements specified in the Special Preference Treatment for the goods exported to China. .... Place and date, signature of authorized signatory	On the basis of control carried out, it is hereby certified that the declaration the exporter made is authentic. .... Place and date, stamp of authorized body	It is certified that the goods declaring export are the same as described on the Certificate. .... Place and date, stamp or signature of the Customs or Port Competent Department of export country

Page 1 of

Overleaf Instruction

Certificate No. : Serial number of Certificate of Origin assigned by the authorized issuing body.

Box 1 : State the full legal name and address (including country) of the exporter in a beneficiary country.

Box 2 : State the full legal name and address (including country) of the producer in a beneficiary country. If goods from more than one producer are included in the certificate, list the additional producers, including their full legal name and address (including country). If the exporter or the producer wishes to maintain this information as confidential, it is acceptable to state "AVAILABLE UPON REQUEST." If the producer and the exporter are the same, please complete field with "SAME."

Box 3 : State the full legal name and address of the consignee in the customs territoryof China.

Box 4 : Complete the means of transport and route and specify the departure date, transport vehicle No., port of loading, and port of discharge.

Box 5 : State the order number, number of LC or other information.

Box 6 : State the item number, 50 is the maximum.

Box 7 : State the shipping marks and numbers on packages.

Box 8 : The name of goods and the number and kind of packages shall be specified. If the goods are not packed, state "IN BULK". In the end of the description of goods, add ' * * * 'or' \'.

Box 9 : Identify the HS tariff classification to six – digit corresponding to the goods.

Box 10 : If the goods satisfy the requirement of the Rules of Origin, the exporter shall indicate in Box10 the origin criteria on the basis of which he claims that his goods qualify for the Special Preference Treatment, in the manner shown in the following table:

origin criteria	to be filled in box10
The goods are wholly obtained or produced in the territory of the beneficiary country as set out and defined in Article 4.	WO
The goods are produced used entirely by the originating materials in the territory of the beneficiary country.	WP
When the goods are subject to RVC criteria, RVC40% or CTH.	CTH or RVC40%
When the goods are subject to a requirement stipulated in PSR, the specified criteria shall be indicated.	Criterion as specified in PSR.

Box 11 : Net weight shall be shown in kilograms here. Quantity shall be shown in quantity unit. Volume may be filled in the unit of liters or m^3.

Box 12 : Invoice number, date of invoices and invoiced value shall be shown here.

Box 13 : The field shall be completed, signed and dated by the exporter of the beneficiary country.

Box 14 : The field shall be completed with place, issuing date and stamped by the officer of the issuing body.

Box 15 : The field shall be completed with place, issuing date by the officer of the customs or port competent authority in the beneficiary country. Meanwhile, the field shall be stamped or signed by the officers said above.

In case where there is not enough space on the first page of a Certificate of Origin for multiple lines of goods, additional pages can be used. The Certificate number will be the same as that shown on the first page. Box6to box15shall be presented in the additional pages, together with the stamp of issuing body and the stamp or signature of the customs or the port competent authority.

Certificate NO.

6. Item number	7. Marks and packages NO.	8. Number and kind of packages; description of goods	9. HS code (Six - digit code)	10. Origin criterion	11. Net weight, quantity (Quantity Unit) or other measures (liters, m^3, etc.)	12. Number, date and value of invoice

13. Declaration by the Exporter:	14. Certification:	15. Verification of Customs or Port Competent Department:
The undersigned hereby declares that the above details and statements are correct, that all the goods were produced in ------------------------------ (country) and that they comply with the origin requirements specified in the Special Preference Treatment for the goods exported to China. ------------------------------ Place and date, signature of authorized signatory	On the basis of control carried out, it is hereby certified that the declaration the exporter made is authentic. ------------------------------ Place and date, stamp of authorized body	It is certified that the goods declaring export are the same as described on the Certificate. ------------------------------ Place and date, stamp or signature of the Customs or Port Competent Department of export country

Page 2 of

中文参考：　　　　　　　　　正本

1. 出口商的名称、地址：

2. 生产商的名称、地址：

3. 收货人的名称、地址：

4. 运输方式及路线
离港日期
船舶/飞机/火车/车辆编号
装货口岸
卸货口岸

证书编号：

中国给予特别优惠关税待遇
原产地证书

（申报与证书合一）

签发国 ____________
（填制方法详见证书背页说明）

供官方使用：

5. 备注：

6. 项目号	7. 唛头及包装号	8. 包装数量及种类；商品描述	9. HS 编码（6 位数编码）	10. 原产地标准	11. 净重、数量（数量单位）或其它计量单位（升、立方米等）	12. 发票号码、发票日期及发票价格

13. 出口商声明
下列签字人声明上述资料及申报正确无讹，所有货物产自

（国家）
且符合出口至中国的特别优惠关税待遇货物所适用的原产地要求。

地点和日期，有权签字人的签字

14. 证明
根据所实施的监管，兹证明出口商所做申报正确无讹。

地点、日期和签证机构印章

15. 海关或者口岸主管部门验核
兹证明申报出口的货物与此证书之描述相符。

地点、时间和出口国海关或者口岸主管部门的印章或者签名

第 1 页（共　页）

6. 项目号	7. 唛头及包装号	8. 包装数量及种类; 商品描述	9. HS 编码(6 位数中国编码)	10. 原产地标准	11. 净重、数量(数量单位)或其它计量单位(升、立方米等)	12. 发票号码、发票日期及发票价格

13. 出口商声明	14. 证明	15. 海关或者口岸主管部门验核
下列签字人声明上述资料及申报正确无讹,所有货物产自 -------------------------------------- (国家) 且符合出口至中国的特别优惠关税待遇货物所适用的原产地要求。 -------------------- 地点和日期,有权签字人的签字	根据所实施的监管,兹证明出口商所做申报正确无讹。 -------------------- 地点、日期和签证机构印章	兹证明申报出口的货物与此证书之描述相符。 -------------------- 地点、时间和出口国海关或者口岸主管部门的印章或者签名

第2页(共　页)

背页填制说明

证书编号:授权签证机构签发原产地证书的序列号。

第1栏:填写受惠国出口商的名称、地址(包括国家)。

第2栏:填写受惠国生产商详细的依法登记的名称、地址(包括国家)。如果证书包含一家以上生产商的商品,应列出其他生产商详细的依法登记的名称、地址(包括国家)。如果出口商或生产商希望对信息予以保密,可以填写"应要求提供"。如果生产商和出口商相同,应填写"同上"

第3栏:填写中国关境收货人的名称、地址。

第4栏:填写运输方式及路线、离港日期、运输工具编号、装货港口和卸货港口。

第5栏:可以填写顾客订货单号码,信用证号码等其他信息。

第6栏:填写货物项目号,最多不能超过50项。

第7栏:填写唛头及包装号。

第8栏:填写货品名称、包装数量及种类。如果是散装货,应注明"散装"。在商品描述末尾加上"＊＊＊"(三颗星)或"\"(结束斜线符号)。

第9栏:填写货物对应的《协调制度》六位数编码。

第10栏:若货物符合原产地规则,出口商必须按照下表所示方式,在本证书第10栏中申明其货物享受特别优惠关税待遇所依据的原产地标准:

原产地标准	填入第10栏
该货物是根据第四条(完全获得货物)的相关规定,在受惠国境内完全获得或生产;	WO
该货物在受惠国境内完全由本规则确定的原产材料生产。	WP
货物适用区域价值成分40%或者四位数税号改变标准。	CTH or RVC40%
货物适用产品特定原产地规则所规定的标准,应具体注明适用的标准。	Criterion as specified in PSR

第11栏:净重应填写"千克",数量应填写数量单位,体积可填写升或立方米等

第12栏:应填写发票号码、开发票日期以及发票价格。

第13栏:本栏目必须由出口商填写、签名并填写日期。

第14栏:本栏必须由授权签证机构的授权人员填写地点、签证日期并盖章。

第15栏:本栏必须由受惠国海关或者口岸主管部门当局的授权人员填写地点、签证日期并盖章或者签名。

当原产地证书一页填制不下多项商品时,可以附页填制。第二页应列出原产地证书第一页所列的第6至15栏内容,并标注原产地证书号码,该号码与第一页证书号码相同,同时必须有签证机构的印章和出口国海关或者口岸主管部门印章或者签名。

附件 2

原产地声明

谨代表

____

____

（工整填写进口货物收货人或者其代理人名称和地址）

本人特此声明下述货物的原产地为________（具体受惠国名称）

符合《中华人民共和国海关最不发达国家特别优惠关税待遇进口货物原产地管理办法》关于货物原产地的相关规定。

本人对本声明内容的真实性承担法律责任。

商品项号	商品描述	HS 编码（6 位）	发票（编号和日期）	预裁定（预确定）编号	原产地标准

签名：____

日期：____

注意事项：本声明必须工整填写，并作为一份独立文件与商业发票一并提交。

附件3

《中华人民共和国海关进出口货物优惠原产地管理规定》进口货物原产资格申明

本人________（姓名及职务）为进口货物收货人/进口货物收货人代理人（不适用的部分请划去），兹声明编号为________的报关单所列第________项货物原产自________，且货物符合《中华人民共和国海关进出口货物优惠原产地管理规定》以及相应优惠贸易协定项下所确定的原产地规则的要求。

本人特申请对上述货物适用相应优惠贸易协定项下协定税率/特惠税率（不适用的部分请划去），并申请缴纳保证金后放行货物。本人承诺自货物进口之日起1年内补交相应优惠贸易协定项下规定的原产地证书。

签名：____________

日期：____________

海关总署关于废止《中华人民共和国海关关于异地加工贸易的管理办法》的决定

（2017 年 12 月 7 日海关总署令第 234 号公布　自公布之日起生效　国法备字［2018000760］）

为进一步深化海关简政放权放管结合优化服务改革，在保证海关有效监管、精准监管的同时，优化加工贸易业务管理模式，为企业减负增效，现决定废止 1999 年 9 月 22 日以海关总署令第 74 号公布并于 2010 年 11 月 26 日以海关总署令第 198 号、2014 年 3 月 13 日以海关总署令第 218 号修改的《中华人民共和国海关关于异地加工贸易的管理办法》。

本决定自公布之日起生效。

公安部关于废止《机动车号牌生产管理办法》和《暂住证申领办法》的决定

（2018 年 3 月 28 日公安部令第 148 号发布　自发布之日起施行　国法备字［2018000728］）

现决定废止 1993 年 5 月 13 日发布实施的《机动车号牌生产管理办法》（公安部令第 13 号）和 1995 年 6 月 2 日发布实施的《暂住证申领办法》（公安部令第 25 号）。

本决定自发布之日起施行。

反倾销和反补贴调查听证会规则

（2018 年 4 月 4 日商务部令 2018 年第 2 号公布　自 2018 年 5 月 4 日起施行　国法备字［2018000628］）

第一条　为了规范反倾销和反补贴调查听证程序，保障反倾销和反补贴调查的公平、公正，根据《中华人民共和国反倾销条例》和《中华人民共和国反补贴条例》的规定，制定本规则。

第二条 商务部（以下称调查机关）在反倾销和反补贴案件调查程序中举行听证会，适用本规则。

第三条 调查机关可以依申请举行听证会，以向所有利害关系方提供与具有相反利益的当事方见面的机会，以便陈述对立的观点和提出反驳的论据。

调查机关认为有必要时，可以自行决定举行听证会。

第四条 《中华人民共和国反倾销条例》第十九条和《中华人民共和国反补贴条例》第十九条规定的利害关系方，包括反补贴调查中的出口国（地区）政府，均可申请举行听证会。

第五条 利害关系方要求在初裁前举行听证会的，应在立案之日起四个月内向调查机关提出书面申请。

利害关系方要求在初裁后举行听证会的，应在初裁公告之日起三十日内向调查机关提出书面申请。

第六条 听证会申请书应当包括下列内容：

（一）申请人的名称、地址和联系方式等有关信息；

（二）申请事项；

（三）申请所依据的事实和理由。

第七条 调查机关应当自收到利害关系方提交的申请书后十五个工作日内作出是否举行听证会的决定。

第八条 调查机关举行听证会，应当考虑保密的需要和当事人的方便。

第九条 申请书不符合本规则第六条规定，或者调查机关认为没有必要举行听证会、或者举行听证会将严重阻碍调查程序进行的，调查机关可以决定不举行听证会。

第十条 调查机关决定不举行听证会的，应当书面通知听证会申请人，并说明理由。

调查机关决定不举行听证会、但利害关系方有正当理由要求口头表达意见的，调查机关应当以其他方式为其提供口头表达意见的机会。

第十一条 调查机关决定举行听证会的，应当以适当形式通知各利害关系方，并将通知送交商务部贸易救济公开信息查阅室。该适当形式包括书面通知、网上公布及其他形式。

第十二条 调查机关举行听证会的通知应当包括下列内容：

（一）举行听证会的理由；

（二）听证事项；

（三）利害关系方报名参加听证会的时限和方式。

第十三条 利害关系方均有权按照调查机关规定的时限和方式报名参加听证会。任何一方均无必须出席听证会的义务。未出席听证会不损害该利害关系方通过其他方式向调查机关表达意见并陈述理由的正当权利。

第十四条 报名参加听证会的利害关系方，应当在调查机关规定的时限内将参加听证会的人员名单报送调查机关。

第十五条 报名参加听证会并要求在听证会上发言的利害关系方，应当在调查机关规定的时限内提交发言概要。调查机关应当将发言概要送交商务部贸易救济公开信息查阅室供各利害关系方查阅。

第十六条 调查机关应当在合理期限之前，将举行听证会的方式、时间、地点和听证会议程等事项通知已报名参加听证会的利害关系方。

第十七条 参加听证会的利害关系方应当遵守听证会纪律。对违反听证会纪律的，听证会主持人有权提出警告、制止，必要时可责令退场。

第十八条 在听证会上发言的利害关系方应当围绕听证事项进行陈述。对超出听证事项范围的，听证会主持人有权制止。

第十九条 利害关系方对主持人的询问应当如实回答。

第二十条 在听证会上发言的利害关系方应当在听证会结束后，按照调查机关要求的时限和方式，就其发言内容向调查机关提交书面材料。调查机关应当将书面材料送交商务部贸易救济公开信息查阅室供利害关系方查询。

利害关系方未按照前款规定以书面形式提交的听证会上的口头发言，调查机关可以不予考虑。

第二十一条 听证会使用的工作语言为中文。以其他语言发言的，应当自行配备翻译，发言内容以翻译为准。

第二十二条 本规则由商务部负责解释。

第二十三条 本规则自 2018 年 5 月 4 日起施行。《反倾销调查听证会暂行规则》（对外贸易经济合作部令 2002 年第 3 号）、《反补贴调查听证会暂行规则》（对外贸易经济合作部令 2002 年第 10 号）和《产业损害调查听证规则》（国家经济贸易委员会令第 44 号）同时废止。

反倾销问卷调查规则

（2018年4月4日商务部令2018年第3号公布　自2018年5月4日起施行　国法备字[2018000629]）

第一条　为了保证反倾销问卷调查规范有序地进行，根据《中华人民共和国反倾销条例》的规定，制定本规则。

第二条　商务部（以下称调查机关）通过问卷方式进行的反倾销调查，适用本规则。

第三条　调查机关在反倾销调查过程中，可以向被调查国家（地区）的生产商或出口商、国内生产者、国内进口商和下游用户以及其他有利害关系的组织、个人（以下统称利害关系方）发放问卷。

第四条　利害关系方应当按照调查机关的要求，完整、准确地填写调查问卷，并提交相应的证据材料。

第五条　利害关系方应当自反倾销立案公告之日起二十日内，按照公告要求向调查机关报名登记参加反倾销调查。

第六条　利害关系方向调查机关报名登记时，应当以书面形式表示参加反倾销调查的意愿，载明利害关系方的名称、地址、联系方式和联系人，并按下列要求提交信息：

（一）被调查国家（地区）的生产商或出口商应当提交调查期内向中国出口被调查产品的数量、金额；

（二）中国国内生产者应当提交调查期内的生产能力、产量、销售数量和销售金额；

（三）中国国内进口商应当提交调查期内被调查产品的进口数量、进口金额；

（四）调查机关要求的其他信息。

利害关系方本人、法定代表人或经其依法授权的人应当在报名登记文件上盖章和（或）签字。

第七条　调查机关通常自报名登记截止之日起十个工作日内在调查机关官方网站发布调查问卷，并通知已报名登记的利害关系方和出口国（地区）政府。

第八条　调查机关决定采取抽样方式进行反倾销调查的，可以适当延长发放问卷的期限。

第九条 利害关系方在回答问卷时对问卷有疑问的，可以向问卷所列明的案件调查人员咨询。

第十条 答卷应当以规范汉字和符合国家标准的数字符号填制，并按要求提供相关证据材料。所有证据材料均应注明来源和出处。证据材料原件是外文的，应当按照外文原文的格式提供中文翻译件，并附外文原件或复印件。

第十一条 问卷中要求提交的销售单证、会计记录、财务报告和其他文件应随附答卷一并提交。

第十二条 利害关系方按照问卷要求应当将调查问卷复制转交给关联贸易公司或者其他公司填制的，该关联贸易公司或者其他公司应当按照问卷要求独立提交答卷。

第十三条 调查问卷的答卷应当自问卷发放之日起三十七日内送达调查机关。

利害关系方因正当理由在答卷到期日前不能完成答卷的，应当在答卷提交期限届满七日前向调查机关提出延期提交答卷的书面申请，并说明延期理由。

调查机关应当在答卷提交期限届满四日前，根据利害关系方的具体情况对延期申请作出书面答复。调查机关决定同意延期的，延长期限通常不超过十四日。

第十四条 利害关系方认为其答卷中有需要保密内容的，应当提出保密处理申请，并说明需要保密的理由。

对要求保密处理的信息，利害关系方应当提供非保密概要。非保密概要应当包含充分的、有意义的信息，以使其他利害关系方对保密信息能有合理的理解。利害关系方在特殊情况下不能提供非保密概要的，应当书面说明理由。

第十五条 调查机关应当对保密申请进行审查。保密理由不充分、或者非保密概要不符合本规则第十四条第二款规定、或者答卷的利害关系方不能提供非保密概要的理由不充分的，调查机关可以要求利害关系方在规定期限内补充和修改。

利害关系方未在规定期限内补充和修改，或者补充和修改后仍不符合本规则第十四条第二款规定的，除调查机关能够从适当来源证明该信息是正确的之外，调查机关可以对要求保密处理的信息不予考虑。

第十六条 利害关系方应当制作含有保密信息的完整答卷和只包括公开信息的公开答卷等两种类型的答卷。利害关系方应当在每份答卷首页注明保密答卷或公开答卷。公开答卷中涉及保密部分的，应当用方括号(〔 〕)标注，并注明相应的非保密概要的序号。

第十七条 利害关系方应当书面提交公开答卷和保密答卷正本各一份、副本各两份。

答卷应当妥善装订成册。答卷正文和所附证据材料应当按顺序标注页码。答卷应当包含答卷目录和附件目录，每一份附件都应当列明序号。

第十八条 利害关系方应当按照问卷要求提供一份申明书，声明答卷利害关系方提供的信息是准确和完整的，并由答卷利害关系方本人、法定代表人或经其依法授权的人签署。

调查机关不接受未附具申明书的答卷。

第十九条 利害关系方提供书面答卷和数据表格的，应当按照问卷要求提交光盘或调查机关可接受的其他电子数据载体。

电子数据载体的内容和形式应当与书面答卷完全一致。表格中的数据涉及到计算的，应当保留计算公式。

第二十条 利害关系方应当保证提交的电子数据载体不携带病毒。携带病毒的，可被视为妨碍调查，调查机关可以依据已经获得的事实和可获得最佳信息作出裁定。

第二十一条 通常情况下，不提供电子数据载体，特别是不提供交易和财务数据的电子数据载体的答卷利害关系方将被视为不合作。

利害关系方无法提供电子数据载体或者按照本规则要求提供电子数据载体将给利害关系方造成不合理的额外负担的，利害关系方可以自问卷发放之日起十五日内向调查机关提交书面申请，并说明无法按要求提供电子数据载体的理由。调查机关在收到申请后五日内对是否同意申请作出书面答复。

第二十二条 利害关系方通过律师代理递交答卷的，应当委托中国执业律师代理呈送并由代理律师处理相关事宜，并在答卷中提供有效的授权委托书及该代理律师有效的执业证书复印件。

第二十三条 调查问卷的答卷应当在答卷提交期限届满当日17时前寄至或直接送至问卷所列的地址，以调查机关实际收到的时间为准。

第二十四条 调查机关可以向有关利害关系方发放补充问卷，要求提供补充信息和材料。利害关系方应当按照补充问卷要求提交答卷。

第二十五条 利害关系方未在规定时间内按要求提交必要信息或严重妨碍调查的，调查机关可以依据已经获得的事实和可获得的最佳信息作出初步裁定或者最终裁定。

第二十六条 利害关系方提交的信息未被接受的，调查机关应当通知该利害关系方并说明理由，并为其提供在合理时间内作出进一步解释的机会。调查机关认为该解释理由不充分的，应当在裁定中说明拒绝接受的理由。

第二十七条 本规则规定的"日"为自然日。期限届满的最后一日是中国法定节假日的，以节假日后的第一日为期限届满的日期。

第二十八条 本规则由商务部负责解释。

第二十九条 本规则自2018年5月4日起施行。《反倾销问卷调查暂行规则》（对外贸易经济合作部令2002年第14号）同时废止。

倾销及倾销幅度期间复审规则

（2018年4月4日商务部令2018年第4号公布 自2018年5月4日起施行 国法备字[2018000630]）

第一条 为保证反倾销期间复审的公平、公正、公开，根据《中华人民共和国反倾销条例》的规定，制定本规则。

第二条 商务部（以下称调查机关）在反倾销措施有效期间内，根据反倾销措施生效后变化了的正常价值、出口价格对继续按照原来的形式和水平实施反倾销措施的必要性进行复审（以下简称期间复审），适用本规则。

第三条 调查机关可以应原反倾销调查申请人、国内产业或代表国内产业的自然人、法人或有关组织（以下统称国内产业）、涉案国（地区）的出口商、生产商、国内进口商的申请立案，进行期间复审。

调查机关有正当理由的，可以自行立案，进行期间复审。

第四条 期间复审申请应当自反倾销措施生效后每届满十二个月之日起三十日内提出。

对经复审的反倾销措施申请期间复审的，应当自复审后的裁决生效后每届满十二个月之日起三十日内提出。

在特殊情况下，经调查机关允许，期间复审申请可以在上述规定以外的其他时间提出。

第五条 期间复审申请应当以书面形式提出，并由申请人本人、法定代表人或经其依法授权的人签署。

期间复审申请应当分为保密文本（如申请人提出保密申请）和公开文本。保密文本和公开文本均应提交书面正本一份，副本两份。除书面文本外，还应同时提供电子数据载体。

第六条 出口商、生产商提出期间复审申请的，应当提交下列证据材料：

（一）申请人的名称、地址和其他有关情况；

（二）申请前十二个月内申请人的国内销售情况的数据；

（三）申请前十二个月内申请人对中国出口情况的数据；

（四）为计算倾销幅度而必须作出的各种调整及倾销幅度的初步计算结果；

（五）正常价值、出口价格及倾销幅度所发生的重大变化将会持续的原因；

（六）申请人认为需要说明的其他内容。

前款第（一）至（五）项规定的材料应当按照原反倾销调查问卷所要求的内容及形式提交。

第七条 原反倾销措施为征收反倾销税的，未征收反倾销税的出口不得作为提出期间复审申请的依据。

第八条 调查机关应当自收到出口商、生产商的期间复审申请之日起七个工作日内通知原反倾销调查申请人，原反倾销调查申请人可自收到通知之日起二十一日内对应否立案进行复审发表意见。

第九条 国内产业提出期间复审申请的，应当提交下列证据和材料：

（一）申请人的名称、地址及有关情况；

（二）与原反倾销措施水平相比，正常价值、出口价格及倾销幅度的变化情况；

（三）申请人认为需要说明的其他内容。

国内产业提出期间复审申请的，应当符合《中华人民共和国反倾销条例》第十七条关于产业代表性的规定。原反倾销调查申请人提出期间复审申请的，无须重新证明产业代表性。

第十条 国内产业提出的期间复审申请可以针对原反倾销调查涉及的所有或部分国家（地区）的全部出口商、生产商，也可明确将复审范围限于指明的部分出口商、生产商。

第十一条 调查机关应当在收到国内产业的期间复审申请后七个工作日内将复审申请公开文本及保密资料的非保密概要递交有关出口国（地区）政府。

第十二条 出口商、生产商可以自调查机关将国内产业的期间复审申请的公开文本及保密资料的非保密概要递交有关出口国（地区）政府之日起二十一日内对应否立案进行复审发表意见。

第十三条 进口商提出的期间复审申请，应当提交本规则第六条规定的出口商、生产商应当提交的证据材料。

第十四条 如果进口商与出口商、生产商无关联关系，无法直接提供本规则第六条规定的有关正常价值和出口价格的证据和材料，或出口商、生产商不愿向进口商提供上述证据和材料，则进口商应当提供出口商、生产商的声明。

声明应当明确表示倾销幅度已经降低或消除，且有关证据和材料将按照规定的内容和形式自进口商提出期间复审申请之日起三十日内直接提交给调查机关。

第十五条 出口商、生产商根据本规则第十四条提供的证据和材料应当符合本规则第五条第二款的规定。

第十六条 调查机关应当自收到进口商的期间复审申请之日起七个工作日内通知原反倾销调查申请人；原反倾销调查申请人可以自收到通知之日起二十一日内对应否立案进行复审发表意见。

第十七条 调查机关通常应当在收到期间复审申请后六十日内作出立案或不立案的决定。

第十八条 调查机关经审查发现期间复审申请及所附证据和材料不符合本规则要求的，可以要求申请人在规定期限内补充和修改。申请人未在规定期限内补充和修改，或补充和修改后仍不符合本规则要求的，调查机关可以驳回申请，以书面形式通知申请人并说明理由。

第十九条 调查机关决定立案进行期间复审的，应当发布公告。期间复审的立案公告应当包括以下内容：

（一）被调查产品的描述；

（二）被调查的出口商、生产商的名称及其所属国（地区）名称；

（三）立案日期；

（四）复审调查期；

（五）主张倾销幅度有所提高或降低或倾销已被消除的依据概述；

（六）利害关系方表明意见和提交相关材料的时限；

（七）调查机关进行实地核查的意向；

（八）利害关系方不合作将承担的后果；

（九）调查机关的联系方式。

第二十条 出口商、生产商提出期间复审申请的，调查机关仅对申请人被调查产品的正常价值、出口价格和倾销幅度进行调查。

第二十一条 国内产业提出期间复审申请的，调查机关应当对所申请的涉案国（地区）的所有出口商、生产商被调查产品的正常价值、出口价格和倾销幅度进行调查。

国内产业仅申请对原反倾销调查涉案国（地区）的部分出口商、生产商进行期间复审的，调查机关应当仅对指明的出口商、生产商被调查产品的正常价值、出口价格和倾销幅度进行调查。

原反倾销调查确定倾销幅度为零或微量的，调查机关不对其进行复审调查，但可以依法对其采取其他反倾销调查措施。经复审调查确定倾销幅度为零或微量的，仍可以进行复审调查。

第二十二条 进口商提出期间复审申请的，调查机关应当仅对声明将向调查机关提交有关证据材料的出口商、生产商被调查产品的正常价值、出口价格和倾销幅度进行调查。

第二十三条 期间复审的调查期通常为复审申请提交前的十二个月。

第二十四条 出口商、生产商的数量或所涉及的产品型号过多，为每一出口商或生产商单独确定倾销幅度或调查全部型号或交易会带来过分负担并妨碍倾销调查及时完成的，调查机关可以根据反倾销抽样调查相关规则，采用抽样的办法进行调查。

第二十五条 期间复审调查中，正常价值和出口价格的确定、调整和比较及倾销幅度的计算应当按照《中华人民共和国反倾销条例》第四条、第五条和第六条的有关规定进行。

第二十六条 期间复审调查中，出口价格根据该进口产品首次转售给独立购买人的价格推定的，如果出口商、生产商提供充分的证据证明，反倾销税已适当地反映在进口产品首次转售给独立购买人的价格中和此后在中国的售价中，则调查机关在计算推定的出口价格时，不应扣除已缴纳的反倾销税税额。

第二十七条 调查机关可以根据反倾销调查实地核查相关规则，对出口商、生产商的有关信息和材料的准确性和完整性进行实地核查。

第二十八条 期间复审无须作出初步裁决，但调查机关作出最终裁决前，应当按照《中华人民共和国反倾销条例》第二十五条第二款及反倾销调查信息披露相关规则，将考虑中的、构成是否实施最终措施决定依据的基本事实进行披露，并给予利害关系方通常不少于十日的时间提出评论。

第二十九条 本规则第二十八条规定的披露一经作出，期间复审申请人不得撤回申请。

第三十条 出口商、生产商可以在本规则第二十八条规定的披露作出后的十五日内提出价格承诺申请。

商务部决定接受价格承诺的，应当按照《中华人民共和国反倾销条例》第三十三条的规定，向国务院关税税则委员会提出建议，国务院关税税则委员会根据商务部的建议作出决定，由商务部予以公告。

第三十一条 期间复审应当自复审立案之日起十二个月内结束。

第三十二条 商务部应当在复审期限届满十五日前向国务院关税税则委员会提出保留、修改或者取消反倾销税的建议。商务部在复审期限届满前根据国务院关税税则委员会的决定发布公告。

第三十三条 期间复审期间，原反倾销措施继续有效。复审裁决自复审裁决公告规定之日起执行，不具有追溯效力。

第三十四条 在反倾销措施届满时期间复审仍未完成，且国内产业未提出期终复审申请，调查机关也未决定自行立案进行期终复审的，调查机关应当发布公告终止期间复审；发起期终复审的，调查机关可以将期间复审与期终复审合并进行。

第三十五条 本规则由商务部负责解释。

第三十六条 本规则自2018年5月4日起施行。《倾销及倾销幅度期中复审暂行规则》（对外贸易经济合作部令2002年第23号）同时废止。

农村公路建设管理办法

（2018年4月8日交通运输部令2018年第4号公布　自2018年6月1日起施行　国法备字［2018000684］）

第一章　总　　则

第一条 为了规范农村公路建设管理，促进农村公路可持续健康发展，根据《公路法》《公路安全保护条例》《建设工程质量管理条例》《建设工程安全生产管理条例》等法律、行政法规和国务院相关规定，制定本办法。

第二条 农村公路新建、改建、扩建的管理，适用本办法。

本办法所称农村公路是指纳入农村公路规划，并按照公路工程技术标准修建的县道、乡道、村道及其所属设施，包括经省级交通运输主管部门认定并纳入统计年报里程的农村公路。公路包括公路桥梁、隧道和渡口。

县道是指除国道、省道以外的县际间公路以及连接县级人民政府所在地与乡级人民政府所在地和主要商品生产、集散地的公路。

乡道是指除县道及县道以上等级公路以外的乡际间公路以及连接乡级人民政府所在地与建制村的公路。

村道是指除乡道及乡道以上等级公路以外的连接建制村与建制村、建制村与自然村、建制村与外部的公路，但不包括村内街巷和农田间的机耕道。

第三条 农村公路建设应当遵循政府主导、分级负责、安全至上、确保质量、生态环保、因地制宜的原则。

第四条 交通运输部负责全国公路建设的行业管理工作。

县级以上地方交通运输主管部门依据职责主管本行政区域内农村公路的建设管理工作，县级交通运输主管部门具体负责指导、监督乡道、村道建设管理工作。

第五条 县级人民政府应当按照国务院有关规定落实本行政区域内农村公路建设的主体责任，对农村公路建设质量、安全负责，落实财政保障机制，加强和规范农村公路建设管理，严格生态环境保护，扶持和促进农村公路绿色可持续发展。

乡级人民政府负责本行政区域内乡道、村道建设管理工作。

村民委员会在乡级人民政府的指导下，可以按照村民自愿、民主决策的原则和一事一议制度组织村道建设。

第六条 农村公路建设项目实行项目业主责任制。项目业主应当具备建设项目相应的管理和技术能力。

鼓励选择专业化机构履行项目业主职责。

第七条 农村公路建设项目按照规模、功能、技术复杂程度等因素，分为重要农村公路建设项目和一般农村公路建设项目。

省级交通运输主管部门可以会同同级有关部门确定重要农村公路建设项目和一般农村公路建设项目的具体划分标准，并可以根据相关法规和本办法，结合本地区实际情况简化一般农村公路建设项目的建设程序。

第八条 鼓励在农村公路建设中应用新技术、新材料、新工艺、新设备，提高建设质量。

在保证农村公路建设质量的前提下，鼓励整合旧路资源、加工适于筑路的废旧材料等用于农村公路建设，推动资源循环利用。

鼓励采用设计、施工和验收后一定时期养护工作合并实施的“建养一体化”模式。

第九条 市级以上地方交通运输主管部门应当采用随机抽取建设项目，随机选派检查人员，检查情况向社会公开的方式，对农村公路建设项目进行监督检查。检查比例由省级交通运输主管部门确定。

县级交通运输主管部门应当实现农村公路建设项目监督检查全覆盖。

鼓励委托具有公路设计、施工、监理资质的单位进行监督检查。

第十条 农村公路建设项目年度计划、补助政策、招标投标、施工管理、质量监管、资金使用、工程验收等信息应当按照交通运输部有关规定向社会公开，接受社会监督。

第二章　规划管理

第十一条　农村公路建设规划应当符合国民经济和社会发展规划、土地利用总体规划，与城乡规划、国道、省道以及其他交通运输方式的发展规划相协调。

第十二条　县道建设规划由县级交通运输主管部门会同同级有关部门编制，经县级人民政府审定后，报上一级人民政府批准。

乡道、村道建设规划由县级交通运输主管部门协助乡级人民政府编制，报县级人民政府批准。

经批准的农村公路建设规划，应当报批准机关的上一级交通运输主管部门备案。

第十三条　农村公路建设规划编制单位应当在编制建设规划时同步建立农村公路建设规划项目库，同建设规划一并履行报批和备案手续。

农村公路建设规划项目库实行动态管理，根据需要定期调整。项目库调整应当报原批准机关批准，并报批准机关的上一级交通运输主管部门备案。

第十四条　县级以上地方交通运输主管部门应当根据农村公路建设规划项目库，统筹考虑财政投入、年度建设重点、养护能力等因素，会同同级有关部门编制农村公路建设项目年度计划。

未纳入农村公路建设规划项目库的建设项目，不得列入年度计划。

农村公路建设项目年度计划编制及审批程序由省级交通运输主管部门制定。

第三章　建设资金

第十五条　农村公路建设资金应当按照国家相关规定，列入地方各级政府财政预算。

农村公路建设应当逐步建立健全以财政投入为主、多渠道筹措为辅的资金筹措机制。

鼓励采取农村公路资源开发、金融支持、捐助、捐款等方式筹集农村公路建设资金。

第十六条　县级以上地方交通运输主管部门应当依据职责，建立健全农村公路建设资金管理制度，加强对资金使用情况的监管。

第十七条　由中央政府给予投资支持的农村公路建设项目，应当按照有关规定及时将项目以及资金使用情况报相关部门备案。

第十八条 农村公路建设资金应当按照有关规定及时支付。已列入建设计划的项目可以采用“先建后补”等方式组织建设。

车辆购置税补助资金应当全部用于建设项目建筑安装工程费支出，不得从中提取咨询、审查、管理等其他费用，但中央政府全额投资的建设项目除外。

第十九条 农村公路建设资金使用情况应当按照规定接受有关部门监督检查。

任何单位、组织和个人不得截留、挤占、挪用农村公路建设资金。

第二十条 农村公路建设不得增加农民负担，不得损害农民利益，不得采用强制手段向单位和个人集资，不得强行让农民出工、备料。

第二十一条 农村公路建设不得拖欠工程款和农民工工资，不得拖欠征地拆迁款。

第四章 建设标准和设计

第二十二条 农村公路建设应当根据本地区实际情况，合理确定公路技术等级，并符合有关标准规范和省级以上交通运输主管部门相关要求。

第二十三条 农村公路设计应当做好耕地特别是永久基本农田、水利设施、生态环境和文物古迹的保护。

有条件的地方在农村公路设计时可以结合旅游等需求设置休息区、观景台。

第二十四条 农村公路设计应当由具有相应资质的设计单位承担。

重要农村公路建设项目应当进行初步设计和施工图设计。一般农村公路建设项目可以直接进行施工图设计，并可以多个项目一并进行。

第二十五条 农村公路建设项目设计文件由县级以上地方交通运输主管部门依据法律、行政法规的相关规定进行审批，具体审批权限由省级交通运输主管部门确定。

农村公路建设项目重大或者较大设计变更应当报原设计审批部门批准。

第五章 建设施工

第二十六条 农村公路建设用地应当符合土地使用标准，并按照国家有关规定执行。

第二十七条 农村公路建设项目需要征地拆迁的，应当按照当地人民政府确定的补偿标准给予补偿。

第二十八条 农村公路建设项目的勘察、设计、施工、监理等符合法定招标条件的，应当依法进行招标。

省级交通运输主管部门可以编制农村公路建设招标文件范本。

第二十九条 县级以上地方交通运输主管部门应当会同同级有关部门加强对农村公路建设项目招标投标工作的指导和监督。

第三十条 重要农村公路建设项目应当单独招标，一般农村公路建设项目可以多个项目一并招标。

第三十一条 农村公路建设项目的招标由项目业主负责组织。

第三十二条 农村公路建设项目应当选择具有相应资质的单位施工。在保证工程质量的条件下，可以在专业技术人员的指导下组织当地群众参与实施一般农村公路建设项目中技术难度低的路基和附属设施。

第三十三条 农村公路建设项目由项目业主依照相关法规自主决定工程监理形式。

第六章 质量安全

第三十四条 农村公路建设项目应当遵守工程质量和安全监督管理相关法规规定。

第三十五条 农村公路建设项目应当设定保修期限和质量保证金。重要农村公路建设项目保修期限在2至3年，一般农村公路建设项目保修期限在1至2年，具体期限由项目业主和施工单位在合同中约定，自项目交工验收之日起计算。质量保证金可以从建设项目资金中预留或者以银行保函方式缴纳，预留或者缴纳比例应当符合国家相关规定。

在保修期限内发生的质量缺陷，由施工单位负责修复。施工单位不能进行修复的，由项目业主负责组织修复，修复所产生的相关费用从质量保证金中扣除，不足部分由施工单位承担。

保修期限届满且质量缺陷得到有效处置的，预留的质量保证金应当及时返还施工单位。

第三十六条 省级交通运输主管部门应当建立农村公路建设信用评价体系，由县级交通运输主管部门对农村公路建设项目有关单位进行评价，并实施相应守信联合激励和失信联合惩戒。

第三十七条 农村公路建设项目应当按照有关标准设置交通安全、防护、排水等附属设施，并与主体工程同时设计、同时施工、同时投入使用。

第三十八条 鼓励聘请技术专家或者动员当地群众代表参与农村公路建设项目质量和安全监督工作。

第三十九条 鼓励推行标准化施工，对混凝土拌和、构件预制、钢筋加工等推行工厂化管理，提高建设质量。

第七章 工程验收

第四十条 农村公路建设项目完工后，应当按照国家有关规定组织交工、竣工验收。未经验收或者验收不合格的，不得交付使用。

一般农村公路建设项目的交工、竣工验收可以合并进行，并可以多个项目一并验收。

第四十一条 农村公路建设项目由项目业主组织交工验收，由县级以上地方交通运输主管部门按照项目管理权限组织竣工验收。交工、竣工验收合并的项目，由县级以上地方交通运输主管部门按照项目管理权限组织验收。

由县级以上地方交通运输主管部门组织验收的农村公路建设项目，应当邀请同级公安、安全生产监督管理等相关部门参加，验收结果报上一级交通运输主管部门备案。

市级以上地方交通运输主管部门应当将项目验收作为监督检查的重要内容。

第四十二条 农村公路建设项目验收时，验收单位应当按照设计文件和项目承包合同，组织质量鉴定检测，核定工程量。

第四十三条 农村公路建设项目在交工验收时发现存在质量缺陷等问题，由施工单位限期完成整改。

第四十四条 农村公路新建项目交工验收合格后，方可开放交通，并移交管理养护单位。

县级以上交通运输主管部门应当及时组织做好基础数据统计、更新和施工资料归档工作。

第四十五条 省级交通运输主管部门可以根据《公路工程竣（交）工验收办法》和《公路工程质量检验评定标准》，结合本地区实际情况，规定具体的农村公路建设项目验收程序。

第八章 法律责任

第四十六条 违反本办法规定，有下列情形之一的，由有关交通运输主管部门或者由其向地方人民政府建议对责任单位进行通报批评，限期整改；情节严重的，对责任人依法给予行政处分：

（一）在筹集农村公路建设资金过程中，强制单位和个人集资，强迫农民出工、备料的；

（二）擅自降低征地补偿标准，或者拖欠工程款、征地拆迁款和农民工工资的。

第四十七条 违反本办法规定，农村公路建设资金不按时支付，或者截留、挤占、挪用建设资金的，由有关交通运输主管部门或者由其向地方人民政府建议对责任单位进行通报批评，限期整改；情节严重的，对责任人依法给予行政处分。

第四十八条 违反本办法规定，农村公路新建项目未经交工验收合格即开放交通的，由有关交通运输主管部门责令停止使用，限期改正。

第四十九条 农村公路建设项目发生招标投标违法行为的，依据《招标投标法》《招标投标法实施条例》等有关规定，对相关责任单位和责任人给予处罚。

第五十条 农村公路建设项目发生转包、违法分包等质量安全违法行为的，依据《建设工程质量管理条例》《建设工程安全生产管理条例》等有关规定，对相关责任单位和责任人给予处罚。

第九章　附　　则

第五十一条 本办法自2018年6月1日起施行。2006年1月27日以交通部令2006年第3号发布的《农村公路建设管理办法》同时废止。

商务部规范性文件制定和管理办法

（2018年4月13日商务部令2018年第5号公布　自2018年5月13日起施行　国法备字[2018000683]）

第一章　总　　则

第一条 为了规范商务部规范性文件的制定和管理工作，促进依法行政，保护公民、法人或者其他组织的合法权益，根据《法治政府建设实施纲要（2015—2020年）》等规定，结合商务部实际情况，制定本办法。

第二条 本办法所称规范性文件，是指部门规章以外的，商务部依照法定职权和程序单独或者牵头会同有关部门制定的，涉及公民、法人或者其他组织的权利义务，具有普遍约束力并且在一定期限内反复适用的文件。规范性文件不包括规范内部事务、通报具体情况、处理具体事项以及单纯转发的文件，如内部执行的管理规范、工作制度、会议纪要、请示报告及表彰奖惩、人事任免文件等。

第三条 商务部规范性文件的起草、审查、批准、公布、解释和清理等，适用本办法。

第四条 制定规范性文件应当坚持合法、公开、精简、效能和权责统一原则。

第五条 规范性文件应当符合法律、行政法规、部门规章的规定，不得设定行政许可、行政处罚、行政强制等事项，无法律法规依据，不得减损公民、法人或者其他组织合法权益或者增加其义务。

第六条 部内业务部门及相关单位负责职责范围内的规范性文件的起草、修改和清理等工作；办公厅负责规范性文件的审核、制发（含编号、登记）工作；法制机构负责规范性文件的合法性审查、组织清理工作。

第七条 法律、行政法规、部门规章或者国务院文件中已有明确、具体规定的，不得重复制定规范性文件。

第八条 规范性文件应当按照法定要求和程序予以公布，未经公布不得作为行政管理依据。

第九条 规范性文件自公布之日起三十日后施行，但涉及国家安全的及公布后不立即施行将有碍规范性文件实施的，可以自公布之日起施行。

第二章 起　　草

第十条 规范性文件由部内业务部门及相关单位负责起草。草案定稿应经过起草单位司（局）务会审议通过。

起草规范性文件草案时应当同时起草草案说明，并明确文件类型为“规范性文件”，在公文办理系统中进行标注。

第十一条 规范性文件的名称应当根据具体内容确定，一般使用“办法”、“规定”、“通知”、“决定”、“意见”、“公告”等名称，但不得使用“法”、“条例”。规范性文件的内容应当明确具体、逻辑严密、具有可操作性；一般以条文的形式制定，序号用中文数字依次表述。文字应当准确、规范、简洁。

第十二条 规范性文件草案应当根据内容需要明确制定目的和依据、适用范围、执行部门和施行日期等内容。

草案还应当明确列明因该文件施行而失效或者废止的文件的名称、文号；仅涉及部分条款失效或者废止的，应当列明相关条款。

第十三条　草案说明应当包括下列内容：

（一）制定该文件的背景、宗旨和必要性；

（二）所依据的法律、行政法规、部门规章或国务院的决定、命令等有关文件；

（三）拟解决的主要问题，拟采取的主要措施及其合理性、可行性；

（四）征求意见及对意见的采纳情况；

（五）该文件与此前发布的相关规范性文件的合并、衔接、替代、废止等关系；

（六）该文件的内容涉及部内其他专项审查的，应说明相关审查情况，如：公平竞争审查、贸易政策合规评估、政策效果和舆情评估等；

（七）其他需要说明的问题。

第十四条　规范性文件一般应规定有效期，有效期自发布之日起，原则上不得超过5年。对于需要稳定市场预期并长期执行的规范性文件，或者是对于上位法的执行性规范，可以不规定有效期，但应当在起草说明中作出专门说明或以规章形式发布。

规定有效期的规范性文件，有效期届满，规范性文件自动失效。确有必要继续适用的，应当重新制定发布，或者距有效期届满3个月前，由商务部确定新的有效期后继续适用，并向社会公告。确定新的有效期的程序，参照本办法第二至五章相关规定。

第十五条　起草单位应当深入开展调查研究，根据实际需要征求部内相关部门、地方商务主管部门、市场主体和有关专家的意见。

起草涉及重大事项或关系公民、法人或者其他组织切身利益的规范性文件，起草单位应当通过商务部网站公开征求社会公众意见，征求意见时间一般不少于30日。

涉及地方人民政府及其有关部门职责或者需要其贯彻落实的，还应当征求各省级人民政府或其有关部门意见。

征求意见可以采取书面、网上公开或者召开座谈会、论证会、听证会等形式。

起草单位应当根据征求意见的情况，对规范性文件征求意见稿进行修改，形成规范性文件草案，并在草案说明中对征求意见及采纳情况进行说明。

第三章　合法性审查

第十六条　规范性文件起草工作完成后，在报请部领导批准或者部务会议审议前，起草单位应当将规范性文件草案、草案说明和法律、行政法规、规章等依据材料以及其他必要材料提交法制机构进行合法性审查。

不得以征求意见等方式代替合法性审查。未经合法性审查的，不得提交批准或者审议。办公厅在文件审核过程中，发现已标注为“规范性文件”的文件草案未经合法性审查，应退回并责令起草单位履行合法性审查程序。

第十七条　合法性审查的内容包括：

（一）是否违反法律、行政法规、部门规章或国务院文件；

（二）是否违反我国加入的国际条约；

（三）是否超越法定职权；

（四）是否创设行政许可、行政处罚、行政强制等事项；

（五）是否无法律法规依据作出减损公民、法人和其他组织合法权益或者增加其义务的规定；

（六）是否符合本办法规定的制定程序；

（七）是否对征求意见进行了说明；

（八）是否涉及第十三条第（六）项规定的审查事项；

（九）其他需要审查的事项。

第十八条　法制机构应当自收到规范性文件的全部送审材料之日起10个工作日内完成合法性审查工作；情况复杂或者需进一步调查研究或者征求意见的，经法制机构负责人批准，可延长10个工作日。为预防、应对和处置自然灾害、灾难事故、公共卫生和社会安全等突发事件或者执行上级行政机关的紧急命令和决定，需要立即制定和实施的规范性文件，应当缩短审查时限。

第十九条　规范性文件草案符合本办法相关规定的，法制机构应当作出合法性审查予以通过的意见。

规范性文件草案不符合本办法要求的，法制机构应当根据不同情形作出书面审查意见：对与上位法抵触的，提出不符合法律、行政法规、部门规章或国务院文件等规定的审查意见；超越制定机关权限的，提出无权制定文件的审查意见；对部分内容违反上位法规定的，部分内容无法律法规依据对公民、法人和其他组织变相减损权利或者增加义务事项的，提出修改的审查意见；对不符合本办法程序的，未说明征求意见情况的，提出履行相应程序或者补充相关材料的审查意见。

第二十条 法制机构进行合法性审查,可以根据实际情况,采用书面征求意见、座谈会、论证会等多种方式,可以组织有关专家协助审查,并发挥政府法律顾问、公职律师等的作用。

对专业技术性强或者疑难、复杂的规范性文件草案,可以组织进行专门论证,专门论证时间一般不超过 10 个工作日,此期间不计算在第十八条规定的时限内。

第二十一条 合法性审查意见是制定机关决策的重要依据,起草单位对合法性审查意见应认真研究,并根据审查意见对规范性文件草案进行相应修改。规范性文件草案经起草机构修改后,应当根据本规定要求重新进行合法性审查。不采纳合法性审查意见的,应当在报请部领导批准或者部务会议审议时说明理由。对无正当理由拒不采纳合法性审查意见的,予以通报;造成严重后果的,按照有关规定追究有关人员的责任。

第二十二条 办公厅会同法制机构、信息工作机构共同推进落实规范性文件合法性审查信息化平台。对所审查的规范性文件实行目录和文本动态化、精细化管理。

第四章 批准和公布

第二十三条 规范性文件草案应当由至少三名部领导签批,涉及重大事项或关系公民、法人或者其他组织切身利益的,应当经部务会议审议通过。制定重大经济社会方面的规范性文件,应当按照有关规定及时报告部党组。

规范性文件草案由起草单位提交批准或者提请审议,提请时应当附具草案说明和合法性审查意见书。部务会议对规范性文件草案进行审议时,由起草单位就起草情况作说明,法制机构就合法性审查情况作说明。

规范性文件经批准或者审议通过后,由起草单位按照审议意见修改完善,并按照《商务部公文处理办法》行文办理。

第二十四条 规范性文件应当以商务部名义发布。办公厅应当对规范性文件统一登记、统一编号、统一印发。规范性文件文号中增加"规"字。不符合上述规定,不认定为规范性文件,不得作为管理行政相对人的依据。

起草单位应当在规范性文件发布后,7 日内在部政府网站上全文公开。根据工作需要,起草说明可以和文件同时上网公开,若起草说明中涉及国家秘密或者商业秘密的,应当删除相关部分后予以公开。

第二十五条 规范性文件发布后,起草单位应当同时将全文报送信息工作机构。信息工作机构会同办公厅设立公开的规范性文件备案数据库,在规范性文件合法性审查信息平台基础上，将所有规范性文件纳入数据库进行统一管理，载明文件名称、文号、发文时间、有效期等。数据库实行动态化、信息化管理，新制定、修改或者废止规范性文件后，数据库的相应数据应及时更新。

第五章　修改和清理

第二十六条　商务部定期组织对本部门的规范性文件进行清理。

起草单位应当对其负责起草的所有规范性文件提出明确修改或清理意见。规范性文件的起草涉及多个司(局)的，由牵头起草单位商相关司(局)后提出修改或清理意见。对本办法出台前的规范性文件，各司(局)在定期清理时应逐步进行修改以符合本办法的规定。

清理工作完成后，由法制机构拟定现行有效的规范性文件目录，按照规范性文件批准发布程序及时向社会公布。规范性文件修改和废止程序参照本办法第二章至第五章的规定。

第二十七条　规范性文件有下列情形之一的，应予修改：

(一)个别条款与现行法律、行政法规、部门规章和国家政策不一致，但基本适应经济社会发展需要、有必要继续实施；

(二)规范性文件之间对同一事项规定不一致；

(三)作为主要依据的法律、行政法规、部门规章和国务院文件已经修改；

(四)个别条款不能适应经济社会发展需要。

第二十八条　规范性文件有下列情形之一的，应予废止：

(一)主要内容与现行法律、行政法规、部门规章以及国家政策相抵触；

(二)主要内容已经不能适应经济社会发展需要，调整对象已消失或者规定的事项、任务已完成；

(三)主要内容已被新的法律、行政法规、部门规章或者规范性文件代替；

(四)作为主要依据的法律、行政法规、部门规章和国务院文件已废止或者失效。

第六章　附　　则

第二十九条　本办法由商务部负责解释。规范性文件需要解释的，由规范性文件的起草部门提出解释意见，经法制机构合法性审查后，参照本办法第四章的规定公布。

公民、法人或者其他组织可以向制定机关提出对规范性文件的解释建议。

规范性文件的解释与规范性文件具有同等效力。

第三十条 公民、法人或者其他组织认为规范性文件违反法律法规,可以通过信函、传真等方式向部法制机构提出书面审查建议。书面审查建议应当载明建议人姓名或者单位名称、建议审查事项以及理由、联系方式、建议日期。

第三十一条 本办法自2018年5月13日起施行。

商业银行大额风险暴露管理办法

(2018年4月24日中国银行保险监督管理委员会令2018年第1号公布 自2018年7月1日起施行 国法备字[2018000762])

第一章 总 则

第一条 为促进商业银行加强大额风险暴露管理,有效防控客户集中度风险,维护商业银行稳健运行,根据《中华人民共和国银行业监督管理法》《中华人民共和国商业银行法》等法律法规,制定本办法。

第二条 本办法适用于中华人民共和国境内设立的商业银行。

第三条 本办法所称风险暴露是指商业银行对单一客户或一组关联客户的信用风险暴露,包括银行账簿和交易账簿内各类信用风险暴露。

第四条 本办法所称大额风险暴露是指商业银行对单一客户或一组关联客户超过其一级资本净额2.5%的风险暴露。

第五条 商业银行并表和未并表的大额风险暴露均应符合本办法规定的监管要求。

商业银行应按照本办法计算并表和未并表的大额风险暴露。

并表范围与《商业银行资本管理办法(试行)》(以下简称《资本办法》)一致。并表风险暴露为银行集团内各成员对客户的风险暴露简单相加。

第六条 商业银行应将大额风险暴露管理纳入全面风险管理体系,建立完善与业务规模及复杂程度相适应的组织架构、管理制度、信息系统等,有效识别、计量、监测和防控大额风险。

第二章 大额风险暴露监管要求

第七条 商业银行对非同业单一客户的贷款余额不得超过资本净额的10%,对非同业单一客户的风险暴露不得超过一级资本净额的15%。

非同业单一客户包括主权实体、中央银行、公共部门实体、企事业法人、自然人、匿名客户等。匿名客户是指在无法识别资产管理产品或资产证券化产品基础资产的情况下设置的虚拟交易对手。

第八条 商业银行对一组非同业关联客户的风险暴露不得超过一级资本净额的20%。

非同业关联客户包括非同业集团客户、经济依存客户。

第九条 商业银行对同业单一客户或集团客户的风险暴露不得超过一级资本净额的25%。

第十条 全球系统重要性银行对另一家全球系统重要性银行的风险暴露不得超过一级资本净额的15%。

商业银行被认定为全球系统重要性银行后,对其他全球系统重要性银行的风险暴露应在12个月内达到上述监管要求。

第十一条 商业银行对单一合格中央交易对手清算风险暴露不受本办法规定的大额风险暴露监管要求约束,非清算风险暴露不得超过一级资本净额的25%。

第十二条 商业银行对单一不合格中央交易对手清算风险暴露、非清算风险暴露均不得超过一级资本净额的25%。

第十三条 商业银行对下列交易主体的风险暴露不受本办法规定的大额风险暴露监管要求约束:

(一)我国中央政府和中国人民银行;

(二)评级AA-(含)以上的国家或地区的中央政府和中央银行;

(三)国际清算银行及国际货币基金组织;

(四)其他经国务院银行业监督管理机构认定可以豁免的交易主体。

第十四条 商业银行持有的省、自治区、直辖市以及计划单列市人民政府发行的债券不受本办法规定的大额风险暴露监管要求约束。

第十五条 商业银行对政策性银行的非次级债权不受本办法规定的大额风险暴露监管要求约束。

第三章 风险暴露计算

第十六条 商业银行对客户的风险暴露包括:

(一)因各项贷款、投资债券、存放同业、拆放同业、买入返售资产等表内授信形成的一般风险暴露;

(二)因投资资产管理产品或资产证券化产品形成的特定风险暴露;

（三）因债券、股票及其衍生工具交易形成的交易账簿风险暴露；

（四）因场外衍生工具、证券融资交易形成的交易对手信用风险暴露；

（五）因担保、承诺等表外项目形成的潜在风险暴露；

（六）其他风险暴露，指按照实质重于形式的原则，除上述风险暴露外，信用风险仍由商业银行承担的风险暴露。

第十七条 商业银行应按照账面价值扣除减值准备计算一般风险暴露。

第十八条 商业银行应按照本办法计算投资资产管理产品或资产证券化产品形成的特定风险暴露。

第十九条 商业银行应按照本办法计算交易账簿风险暴露。

第二十条 商业银行应按照《资本办法》的规定计算场外衍生工具和证券融资交易的交易对手信用风险暴露。

第二十一条 商业银行应将表外项目名义金额乘以信用转换系数得到等值的表内资产，再按照一般风险暴露的处理方式计算潜在风险暴露。

第二十二条 商业银行应按照以下方法计算中央交易对手清算风险暴露：

（一）衍生工具交易和证券融资交易按照《中央交易对手风险暴露资本计量规则》有关规定计算风险暴露；

（二）非单独管理的初始保证金、预付的违约基金以及股权按照名义金额计算风险暴露；

（三）单独管理的初始保证金以及未付的违约基金不计算风险暴露。

商业银行对中央交易对手非清算风险暴露为对中央交易对手全部风险暴露减去清算风险暴露。

第二十三条 商业银行计算客户风险暴露时，应考虑合格质物质押或合格保证主体提供保证的风险缓释作用，从客户风险暴露中扣减被缓释部分。质物或保证的担保期限短于被担保债权期限的，不具备风险缓释作用。

对于质物，扣减金额为其市场价值，扣减部分计入对质物最终偿付方的风险暴露。对于以特户、封金或保证金等形式特定化后的现金以及黄金等质物，扣减后不计入对质物最终偿付方的风险暴露。

对于保证，扣减金额为保证金额，扣减部分计入对保证人的风险暴露。

第二十四条 商业银行计算客户风险暴露时，可以剔除已从监管资本中扣除的风险暴露、商业银行之间的日间风险暴露以及结算性同业存款。

第二十五条 符合下列条件的商业银行可以采用简化方法计算风险暴露：

（一）资产管理产品及资产证券化产品投资余额合计小于一级资本净额

5%的，商业银行可以将所有资产管理产品和资产证券化产品视为一个匿名客户，将投资余额合计视为对匿名客户的风险暴露；

（二）交易账簿总头寸小于70亿元人民币且小于总资产10%的，可以不计算交易账簿风险暴露；

（三）场外衍生工具账面价值合计小于总资产0.5%且名义本金合计小于总资产10%的，可以不计算交易对手信用风险暴露。

第四章　大额风险暴露管理

第二十六条　商业银行应建立健全大额风险暴露管理组织架构，明确董事会、高级管理层、相关部门管理职责，构建相互衔接、有效制衡的运行机制。

第二十七条　董事会应承担大额风险暴露管理最终责任，并履行以下职责：

（一）审批大额风险暴露管理制度；

（二）审阅相关报告，掌握大额风险暴露变动及管理情况；

（三）审批大额风险暴露信息披露内容。

第二十八条　高级管理层应承担大额风险暴露管理实施责任。具体职责包括：

（一）审核大额风险暴露管理制度，提交董事会审批；

（二）推动相关部门落实大额风险暴露管理制度；

（三）持续加强大额风险暴露管理，定期将大额风险暴露变动及管理情况报告董事会；

（四）审核大额风险暴露信息披露内容，提交董事会审批。

第二十九条　商业银行应明确大额风险暴露管理的牵头部门，统筹协调各项工作。具体职责包括：

（一）组织相关部门落实大额风险暴露具体管理职责；

（二）制定、修订大额风险暴露管理制度，提交高级管理层审核；

（三）推动大额风险暴露管理相关信息系统建设；

（四）持续监测大额风险暴露变动及管理情况，定期向高级管理层报告；

（五）确保大额风险暴露符合监管要求及内部限额，对于突破限额的情况及时报告高级管理层；

（六）拟定大额风险暴露信息披露内容，提交高级管理层审核。

第三十条　商业银行应根据本办法制定大额风险暴露管理制度，定期对制度开展评估，必要时应及时修订。制度内容应至少包括：

（一）管理架构与职责分工；
（二）管理政策与工作流程；
（三）客户范围及关联客户认定标准；
（四）风险暴露计算方法；
（五）内部限额与监督审计；
（六）统计报告及信息披露要求。

商业银行制定、修订大额风险暴露管理制度，应及时报银行业监督管理机构备案。

第三十一条 商业银行应根据自身风险偏好、风险状况、管理水平和资本实力，按照大额风险暴露监管要求设定内部限额，并对其进行持续监测、预警和控制。

第三十二条 商业银行应加强信息系统建设，持续收集数据信息，有效支持大额风险暴露管理。相关信息系统应至少实现以下功能：

（一）支持关联客户识别；
（二）准确计量风险暴露；
（三）持续监测大额风险暴露变动情况；
（四）大额风险暴露接近内部限额时，进行预警提示。

第五章 监督管理

第三十三条 银行业监督管理机构依照本办法规定对商业银行大额风险暴露管理进行监督检查，并采取相应监管措施。

第三十四条 银行业监督管理机构定期评估商业银行大额风险暴露管理状况及效果，包括制度执行、系统建设、限额遵守、风险管控等，将评估意见反馈商业银行董事会和高级管理层，并将评估结果作为监管评级的重要参考。

第三十五条 商业银行应于年初30个工作日内向银行业监督管理机构报告上一年度大额风险暴露管理情况。

第三十六条 商业银行应定期向银行业监督管理机构报告并表和未并表的风险暴露情况，具体包括：

（一）所有大额风险暴露；
（二）不考虑风险缓释作用的所有大额风险暴露；
（三）前二十大客户风险暴露，已按第（一）款要求报送的不再重复报送。

并表情况每半年报送一次，未并表情况每季度报送一次。

第三十七条 商业银行突破大额风险暴露监管要求的，应立即报告银行业监督管理机构。

第三十八条 商业银行违反大额风险暴露监管要求的，银行业监督管理机构可采取以下监管措施：

（一）要求商业银行分析大额风险暴露上升的原因，并预测其变动趋势；

（二）与商业银行董事会、高级管理层进行审慎性会谈；

（三）印发监管意见书，内容包括商业银行大额风险暴露管理存在的问题、拟采取的纠正措施和限期达标意见等；

（四）要求商业银行制定切实可行的大额风险暴露限期达标计划，并报银行业监督管理机构备案；

（五）根据违规情况提高其监管资本要求；

（六）责令商业银行采取有效措施降低大额风险暴露。

第三十九条 商业银行违反大额风险暴露监管要求的，除本办法第三十八条规定的监管措施外，银行业监督管理机构还可依据《中华人民共和国银行业监督管理法》等法律法规规定实施行政处罚。

商业银行未按本办法规定管理大额风险暴露、报告大额风险暴露情况的，以及未按规定进行信息披露、提供虚假报告或隐瞒重要事实的，银行业监督管理机构可依据《中华人民共和国银行业监督管理法》等法律法规规定实施行政处罚。

第四十条 在市场流动性较为紧张的情况下，商业银行之间大额风险暴露突破监管要求的，银行业监督管理机构可根据实际情况采取相应监管措施。

第六章 附 则

第四十一条 本办法由国务院银行业监督管理机构负责解释。

第四十二条 农村合作银行、村镇银行、农村信用社参照执行本办法。省联社对同业客户的风险暴露监管要求由国务院银行业监督管理机构另行规定。

第四十三条 非同业集团客户成员包括金融机构的，商业银行对该集团客户的风险暴露限额适用本办法第九条规定。

第四十四条 本办法自 2018 年 7 月 1 日起施行。

商业银行应于 2018 年 12 月 31 日前达到本办法规定的大额风险暴露监管要求。

第四十五条 商业银行对匿名客户的风险暴露应于 2019 年 12 月 31 日前达到本办法规定的大额风险暴露监管要求。

第四十六条 对于2018年底同业客户风险暴露未达到本办法规定的监管要求的商业银行，设置三年过渡期，相关商业银行应于2021年底前达标。过渡期内，商业银行应制定和实施达标规划，报银行业监督管理机构批准，逐步降低同业客户风险暴露，达到本办法规定的分阶段同业客户风险暴露监管要求，鼓励有条件的商业银行提前达标。过渡期内，银行业监督管理机构可根据达标规划实施情况采取相应监管措施。

第四十七条 附件1、附件2、附件3、附件4、附件5和附件6是本办法的组成部分。

（一）附件1　关联客户识别方法；

（二）附件2　特定风险暴露计算方法；

（三）附件3　交易账簿风险暴露计算方法；

（四）附件4　表外项目信用转换系数；

（五）附件5　合格质物及合格保证范围；

（六）附件6　过渡期分阶段达标要求。

附件1

关联客户识别方法

一、集团客户识别

集团客户是指存在控制关系的一组企事业法人客户或同业单一客户。商业银行应按照《企业会计准则第33号–合并财务报表》规定的控制关系判断标准，根据实质重于形式原则识别集团客户。识别集团客户应至少考虑以下特征：

（一）一方在股权上或经营决策上直接或间接控制另一方或被另一方控制；

（二）两方共同被第三方控制；

（三）一方主要投资者个人、关键管理人员或其亲属（包括三代以内直系亲属关系和二代以内旁系亲属关系）直接或间接控制另一方；

（四）存在其他关联关系，可能不按公允价格原则转移资产和利润，应视同集团客户管理。

商业银行识别集团客户时，对于不受大额风险暴露监管要求约束的主体，如果两个客户同受其控制，但客户之间不存在控制关系，可以不认定为集团客户。

二、经济依存客户识别

经济依存客户是指存在经济依存关系的一组企事业法人客户。经济依存关系指一个客户发生财务困难或违约时可能导致另一个客户无法及时足额偿还债务的情形。商业银行应识别风险暴露超过一级资本净额5%的企事业法人客户之间是否存在经济依存关系。判断客户之间是否存在经济依存关系时，商业银行应至少考虑以下因素：

（一）一个客户年度总收入或总支出的50%以上源于与另一个客户的交易，或50%以上的产品销售给另一个客户且难以找到替代的产品购买方；

（二）一个客户通过保证等方式对另一个客户融资负有代偿责任且金额较大，保证人履行担保义务时，自身债务很可能违约，导致两个客户的债务违约存在相关性；

（三）一个客户偿还债务的主要资金来自另一个客户对其还款，后者发生财务困难或违约可能导致前者无法及时足额偿还债务；

（四）两个客户依赖共同的、难以替代的融资来源获得大部分资金，当共同的资金提供方违约时，无法找到替代的资金提供方，一个客户的融资问题很可能扩展到另一个客户；

（五）一个客户与另一个客户偿还贷款的主要来源相同，且双方均没有其他收入来源足额归还贷款。

商业银行识别经济依存客户时，对于不受大额风险暴露监管要求约束的主体，如果两个客户同时与其存在经济依存关系，但客户之间不存在经济依存关系，可以不认定为经济依存客户。

三、客户信息收集与维护

商业银行应要求客户提供真实、准确、完整的信息资料，作为识别集团客户和经济依存客户的重要依据。客户信息发生变更的，商业银行应要求客户及时提交更新后的信息资料。

信息资料包括但不限于客户基本情况、业务经营状况、财务状况、融资及对外担保情况、实际控制人信息、法定代表人信息、高级管理人员信息、股东及关联企业信息、主要合作伙伴信息以及业务往来情况。

商业银行应对照客户提供的信息资料，对重点内容、存在疑问的内容和其他需要了解的信息进行实地核查和调查，确保掌握信息的真实性、准确性、完整性。

附件 2

特定风险暴露计算方法

商业银行应按照以下要求计算投资资产管理产品或资产证券化产品形成的特定风险暴露。

一、基础资产风险暴露

（一）基础资产风险暴露交易对手的确定

1. 商业银行应使用穿透方法，将资产管理产品或资产证券化产品基础资产的最终债务人作为交易对手，并将基础资产风险暴露计入该交易对手的风险暴露。对于风险暴露小于一级资本净额 0.15% 的基础资产，如果商业银行能够证明不存在人为分割基础资产规避穿透要求等监管套利行为，可以不使用穿透方法，但应将资产管理产品或资产证券化产品本身作为交易对手，并视同非同业单一客户，将基础资产风险暴露计入该客户的风险暴露。

2. 商业银行能够证明确实无法识别基础资产并且不存在监管套利行为的，可以不使用穿透方法，但应区分以下两种情况：对于所有投资金额不小于一级资本净额 0.15% 的产品，商业银行应设置唯一的匿名客户，并将其视同非同业单一客户，将所有产品的基础资产风险暴露计入匿名客户。对于单个投资金额小于一级资本净额 0.15% 的产品，商业银行应将产品本身作为交易对手，并视同非同业单一客户，将基础资产风险暴露计入该客户的风险暴露。

（二）基础资产风险暴露的计算

1. 对于不使用穿透方法的资产管理产品或资产证券化产品，风险暴露为投资该产品的名义金额。

2. 对于使用穿透方法且所有投资者处于同一等级的资产管理产品或资产证券化产品，计入某项基础资产最终债务人的风险暴露为：

$$E_i = p \times V_i^{(underlying)}$$

其中：

p 是商业银行在该产品中持有的份额比例。

$V_i^{(underlying)}$ 是该产品中该项基础资产的账面价值。

3. 对于使用穿透方法且投资者之间优先级不同的资产管理产品或资产证券化产品，对基础资产风险暴露的计算基于该产品中的每一个层级，且假设基础资产的全部损失由单一层级中的投资者按比例分担。计入某项基础资产最终债务人的风险暴露为：

$$E_i = min\{V_i^{(underlying)}, [\sum_j P_j^{(tranche)} \times min(V_i^{(underlying)}, V_j^{(tranche)})]\}$$

其中：

$V_i^{(underlying)}$ 是该产品中该项基础资产的账面价值。

$p_j^{(tranche)}$ 是商业银行在该产品中第 j 层级的份额比例。

$V_j^{(tranche)}$ 是该产品中第 j 层级的名义金额。

二、附加风险暴露

对于商业银行投资的资产管理产品或资产证券化产品，其发起人、管理人、流动性提供者、信用保护提供者等主体的违约行为可能对商业银行造成损失，由此产生的风险暴露称为附加风险暴露。商业银行应将上述主体分别作为交易对手，分别计算相应的附加风险暴露，并计入该交易对手的风险暴露。附加风险暴露按照投资该项资产管理产品或资产证券化产品的名义金额计算。如果商业银行能够证明发起人或管理人与基础资产实现了破产隔离，可以不计算其附加风险暴露。

附件3

交易账簿风险暴露计算方法

一、债券和股票按照市场价值计算风险暴露。

二、对于基础工具为债券、股票的互换、期货、远期等衍生工具，应按照《资本办法》规定转换为基础工具头寸，并按照市场价值计算其风险暴露，计入基础工具发行人的风险暴露。

三、对于信用参考实体为债券、股票的信用衍生工具，应按照《资本办法》规定转换为相关信用参考实体的本金头寸，并按照市场价值计算其风险暴露，计入信用参考实体发行人的风险暴露。对于信用保护卖方，如果信用衍生工具市场价值大于0，则信用保护卖方对信用参考实体的风险暴露为信用参考实体的市场价值减去信用衍生工具的市场价值；同时，信用保护卖方对信用保护买方的风险暴露相应增加，数值等于信用衍生工具的市场价值。对于信用联系票据，信用保护卖方对信用保护买方的风险暴露还包括持有买方发行的票据产生的风险暴露，并按照购买票据支付的本金计算。

四、多头头寸和空头头寸的抵消

（一）同一工具多头与空头的抵消

如果两个或两个以上基础工具或信用参考实体的发行人、票面利率、货币、期限等全部相同，则可认为是同一工具。对于同一工具，可将多头头寸和空头头寸进行抵消，并按照抵消后的净值计算该工具的风险暴露。抵消后为净空头的，风险暴露为0。

（二）不同工具多头与空头的抵消

对于同一发行人的不同工具，只有在多头头寸优先级不低于空头头寸的情况下才可抵消，并按照抵消后的净值计算相应工具的风险暴露。抵消后为净空头的，风险暴露为0。对于头寸的优先级，可按照宽泛类别进行划分和认定，例如按优先级由高到低依次划分为优先债、次级债、权益类证券。如果商业银行认为划分优先级过于复杂，可选择不进行抵消。

如果商业银行利用信用衍生工具对某一头寸进行套期保值，并且该头寸对应的基础工具或信用参考实体的优先级不低于用于套期保值的信用衍生工具对应信用参考实体的优先级，则该套期保值具有风险缓释作用，商业银行应从该头寸的风险暴露中扣除被缓释部分，同时信用保护提供者的风险暴露相应增加。如果用于套期保值的信用衍生工具为信用违约互换，并且信用保护提供者和信用参考实体发行人均为非同业客户，则信用保护提供者的风险暴露增加额为对信用保护提供者的交易对手信用风险暴露；其他情况下，信用保护提供者的风险暴露增加额为原头寸风险暴露扣除金额。

（三）其他事项

交易账簿空头头寸与银行账簿多头头寸不得抵消，交易账簿多头头寸与银行账簿空头头寸不得抵消。

对于不进行抵消的空头头寸，风险暴露为0。

五、对于基础工具为债券、股票的期权，应根据期权类型计算基础工具的风险暴露。对于买入看涨期权，风险暴露为其市场价值。对于卖出看跌期权，风险暴露为行权价格减去其市场价值。对于卖出看涨期权，风险暴露为负值，绝对值为其市场价值。对于买入看跌期权，风险暴露为负值，绝对值为行权价格减去其市场价值。同一基础工具对应的上述风险暴露需加总计算，如果加总后为负值，则设为0。基础工具的风险暴露应计入基础工具发行人的风险暴露。

附件4

表外项目信用转换系数

表外项目	信用转换系数
1. 等同于贷款的授信业务	100%
2. 贷款承诺	
2.1 原始期限不超过1年的贷款承诺	20%
2.2 原始期限1年以上的贷款承诺	50%
2.3 可随时无条件撤销的贷款承诺	10%
3. 未使用的信用卡授信额度	
3.1 一般未使用额度	50%
3.2 符合标准的未使用额度	20%
4. 票据发行便利	50%
5. 循环认购便利	50%
6. 银行借出的证券或用作抵押物的证券	100%
7. 与贸易直接相关的短期或有项目	20%
8. 与交易直接相关的或有项目	50%
9. 信用风险仍在银行的资产销售与购买协议	100%
10. 远期资产购买、远期定期存款、部分交款的股票及证券	100%
11. 其他表外项目	100%

说明：

1. 等同于贷款的授信业务包括一般负债担保、承兑汇票、具有承兑性质的背书及融资性保函等。

2. 与贸易直接相关的短期或有项目主要指有优先索偿权的以装运货物作抵押的跟单信用证。

3. 与交易直接相关的或有项目包括投标保函、履约保函、预付保函、预留金保函等。

4. 信用风险仍在银行的资产销售与购买协议包括资产回购协议和有追索权的资产销售。

附件 5

合格质物及合格保证范围

信用风险缓释工具	种类
质物	（一）以特户、封金或保证金等形式特定化后的现金； （二）黄金； （三）银行存单； （四）我国财政部发行的国债； （五）中国人民银行发行的票据； （六）我国政策性银行、公共部门实体、商业银行发行的债券、票据和承兑的汇票； （七）金融资产管理公司为收购国有银行而定向发行的债券； （八）评级为 BBB－（含 BBB－）以上国家或地区政府和中央银行发行的债券； （九）注册地所在国家或地区评级在 A－（含 A－）以上的境外商业银行和公共部门实体发行的债券、票据和承兑的汇票； （十）多边开发银行、国际清算银行和国际货币基金组织发行的债券。
保证	（一）我国中央政府、中国人民银行、政策性银行、公共部门实体和商业银行； （二）评级为 BBB－（含 BBB－）以上国家或地区政府和中央银行； （三）注册地所在国家或地区评级在 A－（含 A－）以上的境外商业银行和公共部门实体； （四）多边开发银行、国际清算银行和国际货币基金组织。

附件 6

过渡期分阶段达标要求

对于 2018 年底未达到本办法规定的同业客户风险暴露监管要求的商业银行，应在过渡期内按照下表规定的分阶段达标要求，逐步降低同业客户风险暴露。例如，2019 年 6 月 30 日前，同业客户风险暴露应压缩至一级资本净额的 100% 以下（含），以此类推。

时限	要求
2019 年 6 月 30 日	100%
2019 年 12 月 31 日	80%
2020 年 6 月 30 日	60%
2020 年 12 月 31 日	45%
2021 年 6 月 30 日	35%
2021 年 12 月 31 日	25%

国家统一法律职业资格考试实施办法

（2018年4月28日司法部令第140号公布　自公布之日起施行
国法备字[2018000681]）

第一章　总　　则

第一条　为了规范国家统一法律职业资格考试工作，根据《中华人民共和国法官法》《中华人民共和国检察官法》《中华人民共和国公务员法》《中华人民共和国律师法》《中华人民共和国公证法》《中华人民共和国仲裁法》《中华人民共和国行政复议法》《中华人民共和国行政处罚法》和国家有关规定，制定本办法。

第二条　国家统一法律职业资格考试是国家统一组织的选拔合格法律职业人才的国家考试。

初任法官、初任检察官，申请律师执业、公证员执业和初次担任法律类仲裁员，以及行政机关中初次从事行政处罚决定审核、行政复议、行政裁决、法律顾问的公务员，应当通过国家统一法律职业资格考试，取得法律职业资格。

法律、行政法规另有规定的除外。

第三条　国家统一法律职业资格考试应当依法、公平、公正。

第四条　司法部会同最高人民法院、最高人民检察院等有关部门、单位组成国家统一法律职业资格考试协调委员会，就国家统一法律职业资格考试的重大事项进行协商。

第五条　国家统一法律职业资格考试的实施工作应当接受监察机关、保密机关和社会监督。

第二章　考试组织

第六条　国家统一法律职业资格考试由司法部负责实施。

第七条　省、自治区、直辖市司法行政机关应当明确专门机构，按照有关规定承办国家统一法律职业资格考试的考务等工作。

设区的市级或者直辖市的区（县）司法行政机关，应当在上级司法行政机关的监督指导下，承担本辖区内的国家统一法律职业资格考试的考务等工作。

第八条　负责考试组织实施的司法行政机关及其考试工作人员应当严格

遵守国家保密法律法规的规定,加强国家统一法律职业资格考试保密管理。

第三章 报名条件

第九条 符合以下条件的人员,可以报名参加国家统一法律职业资格考试:

(一)具有中华人民共和国国籍;

(二)拥护中华人民共和国宪法,享有选举权和被选举权;

(三)具有良好的政治、业务素质和道德品行;

(四)具有完全民事行为能力;

(五)具备全日制普通高等学校法学类本科学历并获得学士及以上学位;全日制普通高等学校非法学类本科及以上学历,并获得法律硕士、法学硕士及以上学位;全日制普通高等学校非法学类本科及以上学历并获得相应学位且从事法律工作满三年。

第十条 有下列情形之一的人员,不得报名参加国家统一法律职业资格考试:

(一)因故意犯罪受过刑事处罚的;

(二)曾被开除公职或者曾被吊销律师执业证书、公证员执业证书的;

(三)被吊销法律职业资格证书的;

(四)被给予二年内不得报名参加国家统一法律职业资格考试(国家司法考试)处理期限未满或者被给予终身不得报名参加国家统一法律职业资格考试(国家司法考试)处理的;

(五)因严重失信行为被国家有关单位确定为失信联合惩戒对象并纳入国家信用信息共享平台的;

(六)因其他情形被给予终身禁止从事法律职业处理的。

有前款规定情形之一的人员,已经办理报名手续的,报名无效;已经参加考试的,考试成绩无效。

第四章 考试内容和方式

第十一条 国家统一法律职业资格考试的具体考试时间和相关安排在举行考试三个月前向社会公布。

第十二条 国家统一法律职业资格考试实行全国统一命题。

国家统一法律职业资格考试的内容和命题范围以司法部当年公布的《国

家统一法律职业资格考试大纲》为准。

第十三条 国家统一法律职业资格考试每年举行一次，分为客观题考试和主观题考试两部分，综合考查应试人员从事法律职业应当具有的政治素养、业务能力和职业伦理。

应试人员客观题考试成绩合格的方可参加主观题考试，客观题考试合格成绩在本年度和下一个考试年度内有效。

第十四条 国家统一法律职业资格考试实行纸笔考试或者计算机化考试。

第十五条 国家统一法律职业资格考试实行全国统一评卷，统一确定合格分数线，考试成绩及合格分数线由司法部公布。

第五章 违纪处理

第十六条 应试人员有违反考试纪律行为的，由司法行政机关按照有关规定，视其情节、后果，分别给予口头警告、责令离开考场并取消本场考试成绩、确认当年考试成绩无效、二年内不得报名参加国家统一法律职业资格考试的处理；构成故意犯罪的，给予终身不得报名参加国家统一法律职业资格考试的处理。

应试人员及其他相关人员有违反治安管理行为的，由公安机关进行处理；构成犯罪的，由司法机关依法追究刑事责任。

第十七条 考试工作人员有违反工作纪律行为的，应当按照有关规定，视其情节、后果给予相应的处分；构成犯罪的，由司法机关依法追究刑事责任。

第六章 资格授予和管理

第十八条 参加国家统一法律职业资格考试成绩合格，且不具有本办法第十条第一款规定情形的人员，可以按照规定程序申请授予法律职业资格，由司法部颁发法律职业资格证书。

第十九条 以欺骗、贿赂等不正当手段取得法律职业资格证书的，由司法部撤销原授予法律职业资格的决定，注销其法律职业资格证书。

第二十条 取得法律职业资格人员有违反宪法和法律、妨害司法公正、违背职业伦理道德等行为的，由司法行政机关根据司法部有关规定，视其情节、后果，对其给予相应处理。

第二十一条 司法行政机关应当将取得法律职业资格人员的有关信息，

以及依据本办法第十九条、第二十条作出相应处理人员的有关信息，录入国家法律职业资格管理系统，在司法部官方网站上公布。

第七章　附　则

第二十二条　本办法实施前已取得学籍（考籍）或者已取得相应学历的高等学校法学类专业本科及以上学历毕业生，或者高等学校非法学类专业本科及以上学历毕业生并具有法律专业知识的，可以报名参加国家统一法律职业资格考试。

第二十三条　国家统一法律职业资格考试的实施，可以在一定时期内，对艰苦边远和少数民族地区的应试人员，在报名学历条件、考试合格标准等方面适当放宽，对其取得的法律职业资格实行分别管理，具体办法由国家统一法律职业资格考试协调委员会确定。

在民族自治地方组织国家统一法律职业资格考试，应试人员可以使用民族语言文字进行考试。

第二十四条　香港特别行政区、澳门特别行政区永久性居民中的中国公民和台湾地区居民参加国家统一法律职业资格考试，适用本办法规定。

第二十五条　现役军人参加国家统一法律职业资格考试的具体规则，由司法部会同中央军委政法委员会另行规定。

第二十六条　国家统一法律职业资格考试的其他政策规定，经国家统一法律职业资格考试协调委员会确定后，在年度国家统一法律职业资格考试公告中公布。

第二十七条　本办法由司法部负责解释。

第二十八条　本办法自公布之日起施行。

关于修改《建设项目环境影响评价分类管理名录》部分内容的决定

（2018 年 4 月 28 日生态环境部令第 1 号公布　自公布之日起施行　国法备字[2018000794]）

为贯彻落实党中央、国务院关于“简政放权、放管结合、优化服务”改革要求，依据《中华人民共和国环境影响评价法》《建设项目环境保护管理条例》有关规定，现决定对《建设项目环境影响评价分类管理名录》（环境保护部令第44号）的部分内容作以下修改：

一、将第六条和第七条中的“环境保护部”修改为“生态环境部”。将第六条中的“省级环境保护主管部门”修改为“省级生态环境主管部门”。

二、对项目类别、环评类别部分内容予以修改。修改内容见附件。

本决定自公布之日起施行。

《建设项目环境影响评价分类管理名录》（环境保护部令第44号）根据本决定作相应修改，重新公布。

附件：《建设项目环境影响评价分类管理名录》修改单

附件

《建设项目环境影响评价分类管理名录》修改单

项目类别 \ 环评类别		报告书	报告表	登记表	本栏目环境敏感区含义
二、农副食品加工业					
2	粮食及饲料加工	含发酵工艺的	年加工1万吨及以上的	其他	
4	制糖、糖制品加工	原糖生产	其他(单纯分装的除外)	单纯分装的	
三、食品制造业					
11	方便食品制造	/	除手工制作和单纯分装外的	手工制作或单纯分装的	
12	乳制品制造	/	除单纯分装外的	单纯分装的	
13	调味品、发酵制品制造	含发酵工艺的味精、柠檬酸、赖氨酸等制造	其他(单纯分装的除外)	单纯分装的	
15	饲料添加剂、食品添加剂制造	/	除单纯混合和分装外的	单纯混合或分装的	
16	营养食品、保健食品、冷冻饮品、食用冰制造及其他食品制造	/	除手工制作和单纯分装外的	手工制作或单纯分装的	
四、酒、饮料制造业					
17	酒精饮料及酒类制造	有发酵工艺的(以水果或水果汁为原料年生产能力1000千升以下的除外)	其他(单纯勾兑的除外)	单纯勾兑的	
18	果菜汁类及其他软饮料制造	/	除单纯调制外的	单纯调制的	

续表

项目类别 \ 环评类别		报 告 书	报 告 表	登 记 表	本栏目环境敏感区含义
五、烟草制品业					
19	卷烟	/	全部	/	
二十八、计算机、通信和其他电子设备制造业					
80	计算机制造	/	显示器件;集成电路;有分割、焊接、酸洗或有机溶剂清洗工艺的	其他	
81	智能消费设备制造	/	全部	/	
82	电子器件制造	/	显示器件;集成电路;有分割、焊接、酸洗或有机溶剂清洗工艺的	其他	
83	电子元件及电子专用材料制造	/	印刷电路板;电子专用材料;有分割、焊接、酸洗或有机溶剂清洗工艺的	/	
84	通信设备制造、广播电视设备制造、雷达及配套设备制造、非专业视听设备制造及其他电子设备制造	/	全部	/	
三十四、环境治理业					
99	脱硫、脱硝、除尘、VOCs 治理等工程	/	新建脱硫、脱硝、除尘	其他	

续表

项目类别 \ 环评类别		报告书	报告表	登记表	本栏目环境敏感区含义
三十六、房地产					
106	房地产开发、宾馆、酒店、办公用房、标准厂房等	/	涉及环境敏感区的；需自建配套污水处理设施的	其他	第三条（一）中的全部区域；第三条（二）中的基本农田保护区、基本草原、森林公园、地质公园、重要湿地、天然林、野生动物重要栖息地、重点保护野生植物生长繁殖地；第三条（三）中的文物保护单位，针对标准厂房增加第三条（三）中的以居住、医疗卫生、文化教育、科研、行政办公等为主要功能的区域
三十九、卫生					
111	医院、专科防治院（所、站）、社区医疗、卫生院（所、站）、血站、急救中心、妇幼保健院、疗养院等卫生机构	新建、扩建床位500张及以上的	其他（20张床位以下的除外）	20张床位以下的	

续表

项目类别 \ 环评类别		报告书	报告表	登记表	本栏目环境敏感区含义
四十、社会事业与服务业					
113	学校、幼儿园、托儿所、福利院、养老院	/	涉及环境敏感区的;有化学、生物等实验室的学校	其他(建筑面积5000平方米以下的除外)	第三条(一)中的全部区域;第三条(二)中的基本农田保护区、基本草原、森林公园、地质公园、重要湿地、天然林、野生动物重要栖息地、重点保护野生植物生长繁殖地
114	批发、零售市场	/	涉及环境敏感区的	其他	第三条(一)中的全部区域;第三条(二)中的基本农田保护区、基本草原、森林公园、地质公园、重要湿地、天然林、野生动物重要栖息地、重点保护野生植物生长繁殖地;第三条(三)中的文物保护单位

续表

项目类别 \ 环评类别		报告书	报告表	登记表	本栏目环境敏感区含义
116	宾馆饭店及医疗机构衣物集中洗涤、餐具集中清洗消毒	/	需自建配套污水处理设施的	其他	
118	展览馆、博物馆、美术馆、影剧院、音乐厅、文化馆、图书馆、档案馆、纪念馆、体育场、体育馆等	/	涉及环境敏感区的	其他	第三条(一)中的全部区域;第三条(二)中的基本农田保护区、基本草原、森林公园、地质公园、重要湿地、天然林、野生动物重要栖息地、重点保护野生植物生长繁殖地;第三条(三)中的文物保护单位
119	公园(含动物园、植物园、主题公园)	特大型、大型主题公园	其他(城市公园和植物园除外)	城市公园、植物园	
120	旅游开发	涉及环境敏感区的缆车、索道建设;海上娱乐及运动、海上景观开发	其他	/	第三条(一)中的全部区域;第三条(二)中的森林公园、地质公园、重要湿地、天然林、野生动物重要栖息地、重点保护野生植物生长繁

续表

项目类别 \ 环评类别		报告书	报告表	登记表	本栏目环境敏感区含义
					殖地、重要水生生物的自然产卵场、索饵场、越冬场和洄游通道、封闭及半封闭海域；第三条（三）中的文物保护单位
123	驾驶员训练基地、公交枢纽、大型停车场、机动车检测场	/	涉及环境敏感区的	其他	第三条（一）中的全部区域；第三条（二）中的基本农田保护区、基本草原、森林公园、地质公园、重要湿地、天然林、野生动物重要栖息地、重点保护野生植物生长繁殖地；第三条（三）中的文物保护单位
125	洗车场	/	涉及环境敏感区的；危险化学品运输车辆清洗场	其他	第三条（一）中的全部区域；第三条（二）中的基本农田保护区、基本草原、森林公

续表

环评类别 项目类别		报告书	报告表	登记表	本栏目环境敏感区含义
					园、地质公园、重要湿地、天然林、野生动物重要栖息地、重点保护野生植物生长繁殖地；第三条（三）中的全部区域
126	汽车、摩托车维修场所	/	涉及环境敏感区的；有喷漆工艺的	其他	第三条（一）中的全部区域；第三条（三）中的全部区域
四十九、交通运输业、管道运输业和仓储业					
157	等级公路（不含维护，不含改扩建四级公路）	新建30公里以上的三级及以上等级公路；新建涉及环境敏感区的1公里及以上的隧道；新建涉及环境敏感区的主桥长度1公里及以上的桥梁	其他（配套设施、不涉及环境敏感区的四级公路除外）	配套设施、不涉及环境敏感区的四级公路	第三条（一）中的全部区域；第三条（二）中的全部区域；第三条（三）中的全部区域
172	城市道路（不含维护，不含支路）	/	新建快速路、干道	其他	
173	城市桥梁、隧道（不含人行天桥、人行地道）	/	全部	/	

续表

项目类别 \ 环评类别		报告书	报告表	登记表	本栏目环境敏感区含义
五十、核与辐射					
183	电视塔台	涉及环境敏感区的100千瓦及以上的	其他	/	第三条（三）中的以居住、医疗卫生、文化教育、科研、行政办公等为主要功能的区域
184	卫星地球上行站	涉及环境敏感区的	其他	/	第三条（三）中的以居住、医疗卫生、文化教育、科研、行政办公等为主要功能的区域
185	雷达	涉及环境敏感区的	其他	/	第三条（三）中的以居住、医疗卫生、文化教育、科研、行政办公等为主要功能的区域
187	核动力厂（核电厂、核热电厂、核供汽供热厂等）；反应堆（研究堆、实验堆、临界装置等）；核燃料生产、加工、贮存、后处理；放射性废物贮存、处理或处置；上述项目的退役。放射性污染治理项目	新建、扩建（独立的放射性废物贮存设施除外）	主生产工艺或安全重要构筑物的重大变更，但源项不显著增加；次临界装置的新建、扩建；独立的放射性废物贮存设施	核设施控制区范围内新增的不带放射性的实验室、试验装置、维修车间、仓库、办公设施等	

续表

项目类别 \ 环评类别		报告书	报告表	登记表	本栏目环境敏感区含义
191	核技术利用建设项目(不含在已许可场所增加不超出已许可活动种类和不高于已许可范围等级的核素或射线装置)	生产放射性同位素的(制备PET用放射性药物的除外);使用Ⅰ类放射源的(医疗使用的除外);销售(含建造)、使用Ⅰ类射线装置的;甲级非密封放射性物质工作场所	制备PET用放射性药物的;医疗使用Ⅰ类放射源的;使用Ⅱ类、Ⅲ类放射源的;生产、使用Ⅱ类射线装置的;乙、丙级非密封放射性物质工作场所(医疗机构使用植入治疗用放射性粒子源的除外);在野外进行放射性同位素示踪试验的	销售Ⅰ类、Ⅱ类、Ⅲ类、Ⅳ类、Ⅴ类放射源的;使用Ⅳ类、Ⅴ类放射源的;医疗机构使用植入治疗用放射性粒子源的;销售非密封放射性物质的;销售Ⅱ类射线装置的;生产、销售、使用Ⅲ类射线装置的	

保险公司信息披露管理办法

（2018 年 4 月 28 日中国银行保险监督管理委员会令 2018 年第 2 号公布　自 2018 年 7 月 1 日起施行　国法备字[2018000761]）

第一章　总　　则

第一条　为了规范保险公司的信息披露行为，保障投保人、被保险人、受益人以及相关当事人的合法权益，促进保险业健康发展，根据《中华人民共和国保险法》等法律、行政法规，制定本办法。

第二条　本办法所称保险公司，是指经中国银行保险监督管理委员会批准设立，并依法登记注册的商业保险公司。

本办法所称信息披露，是指保险公司向社会公众公开其经营管理相关信息的行为。

第三条　保险公司信息披露应当遵循真实、准确、完整、及时、有效的原则，不得有虚假记载、误导性陈述和重大遗漏。

保险公司信息披露应当尽可能使用通俗易懂的语言。

第四条　保险公司应当按照法律、行政法规和中国银行保险监督管理委员会的规定进行信息披露。

保险公司可以在法律、行政法规和中国银行保险监督管理委员会规定的基础上披露更多信息。

第五条　保险公司按照本办法拟披露的信息属于国家秘密、商业秘密，以及存在其他因披露将导致违反国家有关保密的法律、行政法规等情形的，可以豁免披露相关内容。

第六条　中国银行保险监督管理委员会根据法律、行政法规和国务院授权，对保险公司的信息披露行为进行监督管理。

第二章　信息披露的内容

第七条　保险公司应当披露下列信息：

（一）基本信息；

（二）财务会计信息；

（三）保险责任准备金信息；

（四）风险管理状况信息；

（五）保险产品经营信息；

（六）偿付能力信息；

（七）重大关联交易信息；

（八）重大事项信息；

（九）中国银行保险监督管理委员会规定的其他信息。

第八条 保险公司披露的基本信息应当包括公司概况、公司治理概要和产品基本信息。

第九条 保险公司披露的公司概况应当包括下列内容：

（一）公司名称；

（二）注册资本；

（三）公司住所和营业场所；

（四）成立时间；

（五）经营范围和经营区域；

（六）法定代表人；

（七）客服电话、投诉渠道和投诉处理程序；

（八）各分支机构营业场所和联系电话。

第十条 保险公司披露的公司治理概要应当包括下列内容：

（一）实际控制人及其控制本公司情况的简要说明；

（二）持股比例在5%以上的股东及其持股情况；

（三）近3年股东大会（股东会）主要决议，至少包括会议召开的时间、地点、出席情况、主要议题以及表决情况等；

（四）董事和监事简历；

（五）高级管理人员简历、职责及其履职情况；

（六）公司部门设置情况。

第十一条 保险公司披露的产品基本信息应当包括下列内容：

（一）审批或者备案的保险产品目录、条款；

（二）人身保险新型产品说明书；

（三）中国银行保险监督管理委员会规定的其他产品基本信息。

第十二条 保险公司披露的上一年度财务会计信息应当与经审计的年度财务会计报告保持一致，并包括下列内容：

（一）财务报表，包括资产负债表、利润表、现金流量表、所有者权益变动表和附注；

财务报表附注，包括财务报表的编制基础，重要会计政策和会计估计的说明,重要会计政策和会计估计变更的说明,或有事项、资产负债表日后事项和表外业务的说明,对公司财务状况有重大影响的再保险安排说明,企业合并、分立的说明,以及财务报表中重要项目的明细。

（二）审计报告的主要审计意见,审计意见中存在带强调事项段的无保留意见、保留意见、否定意见或者无法表示意见的,保险公司还应当就此作出说明。

实际经营期未超过3个月的保险公司年度财务会计报告可以不经审计。

第十三条 保险公司披露的上一年度保险责任准备金信息包括准备金评估方面的定性信息和定量信息。

保险公司应当按照准备金的类别提供以下说明:未来现金流假设、主要精算假设方法及其结果等。

保险公司应当按照准备金的类别列示准备金评估结果以及与前一年度评估结果的对比分析。

保险公司披露的保险责任准备金信息应当与财务会计报告相关信息保持一致。

第十四条 保险公司披露的风险管理状况信息应当与经董事会审议的年度风险评估报告保持一致,并包括下列内容:

（一）风险评估,包括保险风险、市场风险和信用风险等风险的敞口及其简要说明,以及操作风险、战略风险、声誉风险、流动性风险等的简要说明;

（二）风险控制,包括风险管理组织体系简要介绍、风险管理总体策略及其执行情况。

第十五条 人身保险公司披露的产品经营信息应当包括下列内容:

（一）上一年度原保险保费收入居前5位的保险产品的名称、主要销售渠道、原保险保费收入和退保金;

（二）上一年度保户投资款新增交费居前3位的保险产品的名称、主要销售渠道、保户投资款新增交费和保户投资款本年退保;

（三）上一年度投连险独立账户新增交费居前3位的投连险产品的名称、主要销售渠道、投连险独立账户新增交费和投连险独立账户本年退保。

第十六条 财产保险公司披露的产品经营信息是指上一年度原保险保费收入居前5位的商业保险险种经营情况,包括险种名称、保险金额、原保险保费收入、赔款支出、准备金、承保利润。

第十七条 保险公司披露的上一年度偿付能力信息是指经审计的第四季度偿付能力信息,至少包括核心偿付能力充足率、综合偿付能力充足率、实际资本和最低资本等内容。

第十八条 保险公司披露的重大关联交易信息应当包括下列内容：

（一）交易概述以及交易标的的基本情况；

（二）交易对手情况；

（三）交易的主要内容和定价政策；

（四）独立董事的意见；

（五）中国银行保险监督管理委员会规定的其他事项。

重大关联交易的认定和计算，应当符合中国银行保险监督管理委员会的有关规定。

第十九条 保险公司有下列重大事项之一的，应当披露相关信息并作出简要说明：

（一）控股股东或者实际控制人发生变更；

（二）更换董事长或者总经理；

（三）当年董事会累计变更人数超过董事会成员人数的三分之一；

（四）公司名称、注册资本、公司住所或者营业场所发生变更；

（五）经营范围发生变化；

（六）合并、分立、解散或者申请破产；

（七）撤销省级分公司；

（八）对被投资企业实施控制的重大股权投资；

（九）发生单项投资实际投资损失金额超过公司上季度末净资产总额5%的重大投资损失，如果净资产为负值则按照公司注册资本5%计算；

（十）发生单笔赔案或者同一保险事故涉及的所有赔案实际赔付支出金额超过公司上季度末净资产总额5%的重大赔付，如果净资产为负值则按照公司注册资本5%计算；

（十一）发生对公司净资产和实际营运造成重要影响或者判决公司赔偿金额超过5000万元人民币的重大诉讼案件；

（十二）发生对公司净资产和实际营运造成重要影响或者裁决公司赔偿金额超过5000万元人民币的重大仲裁事项；

（十三）保险公司或者其董事长、总经理受到刑事处罚；

（十四）保险公司或者其省级分公司受到中国银行保险监督管理委员会或者其派出机构的行政处罚；

（十五）更换或者提前解聘会计师事务所；

（十六）中国银行保险监督管理委员会规定的其他事项。

第三章 信息披露的方式和时间

第二十条 保险公司应当建立公司网站,按照本办法的规定披露相关信息。

第二十一条 保险公司应当在公司网站披露公司的基本信息。

公司基本信息发生变更的,保险公司应当自变更之日起 10 个工作日内更新。

第二十二条 保险公司应当制作年度信息披露报告,年度信息披露报告应当至少包括本办法第七条第(二)项至第(六)项规定的内容。

保险公司应当在每年 4 月 30 日前在公司网站和中国银行保险监督管理委员会指定的媒介上发布年度信息披露报告。

第二十三条 保险公司发生本办法第七条第(七)项、第(八)项规定事项之一的,应当自事项发生之日起 10 个工作日内编制临时信息披露报告,并在公司网站上发布。

临时信息披露报告应当按照事项发生的顺序进行编号并且标注披露时间,报告应当包含事项发生的时间、事项的起因、目前的状态和可能产生的影响。

第二十四条 保险公司不能按时进行信息披露的,应当在规定披露的期限届满前向中国银行保险监督管理委员会报告相关情况,并且在公司网站公布不能按时披露的原因以及预计披露时间。

第二十五条 保险公司网站应当保留最近 5 年的公司年度信息披露报告和临时信息披露报告。

第二十六条 保险公司在公司网站和中国银行保险监督管理委员会指定媒介以外披露信息的,其内容不得与公司网站和中国银行保险监督管理委员会指定媒介披露的内容相冲突,且不得早于公司网站和中国银行保险监督管理委员会指定媒介的披露时间。

第四章 信息披露的管理

第二十七条 保险公司应当建立信息披露管理制度并报中国银行保险监督管理委员会。信息披露管理制度应当包括下列内容:

(一)信息披露的内容和基本格式;

(二)信息的审核和发布流程;

（三）信息披露的豁免及其审核流程；

（四）信息披露事务的职责分工、承办部门和评价制度；

（五）责任追究制度。

保险公司修订信息披露管理制度后，应当在修订完成之日起10个工作日内向中国银行保险监督管理委员会报告。

第二十八条 保险公司拟披露信息属于豁免披露事项的，应当在豁免披露事项通过公司审核后10个工作日内向中国银行保险监督管理委员会报告。

豁免披露的原因已经消除的，保险公司应当在原因消除之日起10个工作日内编制临时信息披露报告，披露相关信息、此前豁免披露的原因和公司审核情况等。

第二十九条 保险公司董事会秘书负责管理公司信息披露事务。未设董事会的保险公司，应当指定公司高级管理人员负责管理信息披露事务。

第三十条 保险公司应当将董事会秘书或者指定的高级管理人员、承办信息披露事务的部门的联系方式报中国银行保险监督管理委员会。

上述情况发生变更的，保险公司应当在变更之日起10个工作日内向中国银行保险监督管理委员会报告。

第三十一条 保险公司应当在公司网站主页置顶的显著位置设置信息披露专栏，名称为“公开信息披露”。

保险公司所有公开披露的信息都应当在该专栏下分类设置子栏目列示，一级子栏目名称分别为“基本信息”“年度信息”“重大事项”和“专项信息”等。其中，“专项信息”栏目下设“关联交易”“股东股权”“偿付能力”“互联网保险”“资金运用”“新型产品”“交强险”等二级子栏目。

上市保险公司可以在“投资者关系”栏目下披露本办法要求披露的相关内容。

第三十二条 保险公司应当加强公司网站建设，维护公司网站安全，方便社会公众查阅信息。

第三十三条 保险公司应当使用中文进行信息披露。同时披露外文文本的，中、外文文本内容应当保持一致；两种文本不一致的，以中文文本为准。

第五章 法律责任

第三十四条 保险公司有下列行为之一的，由中国银行保险监督管理委员会依据法律、行政法规进行处罚：

（一）未按照本办法的规定披露信息的；

（二）未按照本办法的规定报送或者保管报告、报表、文件、资料的，或者未按照规定提供有关信息、资料的；

（三）编制或者提供虚假的报告、报表、文件、资料的；

（四）拒绝或者妨碍依法监督检查的。

第三十五条 保险公司违反本办法规定的，中国银行保险监督管理委员会除按照本办法第三十四条的规定对该公司给予处罚外，对其直接负责信息披露的主管人员和其他直接责任人员依据法律、行政法规进行处罚。

第六章 附 则

第三十六条 中国银行保险监督管理委员会对保险产品经营信息和其他信息的披露另有规定的，从其规定。

第三十七条 下列保险机构参照适用本办法，法律、行政法规和中国银行保险监督管理委员会另有规定的除外：

（一）保险集团（控股）公司；

（二）再保险公司；

（三）保险资产管理公司；

（四）相互保险组织；

（五）外国保险公司分公司；

（六）中国银行保险监督管理委员会规定的其他保险机构。

第三十八条 上市保险公司按照上市公司信息披露要求已经披露本办法规定的相关信息的，可免予重复披露。

保险集团（控股）公司下属的保险公司已经按照本办法规定披露保险责任准备金信息、保险产品经营信息等信息的，保险集团（控股）公司可免于重复披露。

对于上述免于重复披露的内容，上市保险公司或者保险集团（控股）公司应当在公司网站和中国银行保险监督管理委员会指定的媒介上披露链接网址及其简要说明。

第三十九条 本办法由中国银行保险监督管理委员会负责解释。

第四十条 本办法自2018年7月1日起施行。原中国保险监督管理委员会2010年5月12日发布的《保险公司信息披露管理办法》（保监会令2010年第7号）、2010年6月2日发布的《关于实施〈保险公司信息披露管理办法〉有关问题的通知》（保监统信〔2010〕604号）同时废止。

外商投资证券公司管理办法

（2018年4月28日中国证券监督管理委员会令第140号公布 自公布之日起施行 国法备字[2018000682]）

第一条 为了适应证券市场对外开放的需要，加强和完善对外商投资证券公司的监督管理，明确外商投资证券公司的设立条件和程序，根据《中华人民共和国公司法》（以下简称公司法）和《中华人民共和国证券法》（以下简称证券法）有关规定，制定本办法。

第二条 本办法所称外商投资证券公司是指：

（一）境外股东与境内股东依法共同出资设立的证券公司；

（二）境外投资者依法受让、认购内资证券公司股权，内资证券公司依法变更的证券公司；

（三）内资证券公司股东的实际控制人变更为境外投资者，内资证券公司依法变更的证券公司。

第三条 中国证券监督管理委员会（以下简称中国证监会）负责对外商投资证券公司的审批和监督管理。

第四条 外商投资证券公司的名称、组织形式、注册资本、业务范围、组织机构的设立及职责以及股东、董事、监事、高级管理人员等，应当符合公司法、证券法等法律、法规和中国证监会的有关规定。

第五条 设立外商投资证券公司除应当符合公司法、证券法、《证券公司监督管理条例》和经国务院批准的中国证监会规定的证券公司设立条件外，还应当符合下列条件：

（一）境外股东具备本办法规定的资格条件，其出资比例、出资方式符合本办法的规定；

（二）初始业务范围与控股股东或者第一大股东的经营证券业务经验相匹配；

（三）中国证监会规定的其他审慎性条件。

第六条 外商投资证券公司的境外股东，应当具备下列条件：

（一）所在国家或者地区具有完善的证券法律和监管制度，相关金融监管机构已与中国证监会或者中国证监会认可的机构签定证券监管合作谅解备忘录，并保持着有效的监管合作关系；

（二）为在所在国家或者地区合法成立的金融机构，近3年各项财务指标符合所在国家或者地区法律的规定和监管机构的要求；

（三）持续经营证券业务5年以上，近3年未受到所在国家或者地区监管机构或者行政、司法机关的重大处罚，无因涉嫌重大违法违规正受到有关机关调查的情形；

（四）具有完善的内部控制制度；

（五）具有良好的国际声誉和经营业绩，近3年业务规模、收入、利润居于国际前列，近3年长期信用均保持在高水平；

（六）中国证监会规定的其他审慎性条件。

第七条 境外股东应当以自由兑换货币出资。

境外股东累计持有的（包括直接持有和间接控制）外商投资证券公司股权比例，应当符合国家关于证券业对外开放的安排。

第八条 申请设立外商投资证券公司，应当由全体股东共同指定的代表或者委托的代理人向中国证监会提交下列文件：

（一）境内外股东的法定代表人或者授权代表共同签署的申请表；

（二）关于设立外商投资证券公司的合同及章程草案；

（三）外商投资证券公司拟任董事长、总经理、合规负责人简历；

（四）股东的营业执照或者注册证书、证券业务资格证书复印件；

（五）申请前3年境内外股东经审计的财务报表；

（六）境外股东所在国家或者地区相关监管机构或者中国证监会认可的境外机构出具的关于该境外股东是否具备本办法第六条第（二）项、第（三）项规定的条件的说明函；

（七）境外股东具有良好的国际声誉和经营业绩，近3年业务规模、收入、利润居于国际前列以及近3年长期信用情况的证明文件；

（八）由中国境内律师事务所出具的法律意见书；

（九）中国证监会要求的其他文件。

第九条 中国证监会依照有关法律、行政法规和本办法对第八条规定的申请文件进行审查，并在规定期限内作出是否批准的决定，书面通知申请人。不予批准的，书面说明理由。

第十条 股东应当自中国证监会的批准文件签发之日起6个月内足额缴付出资或者提供约定的合作条件，选举董事、监事，聘任高级管理人员，并向公司登记机关申请设立登记，领取营业执照。

第十一条 外商投资证券公司应当自营业执照签发之日起15个工作日内，向中国证监会提交下列文件，申请经营证券业务许可证：

（一）营业执照副本复印件；

（二）公司章程；

（三）由中国境内具有证券相关业务资格的会计师事务所出具的验资报告；

（四）董事、监事、高级管理人员和主要业务人员的名单、任职资格证明文件和证券从业资格证明文件；

（五）内部控制制度文本；

（六）营业场所和业务设施情况说明书；

（七）中国证监会要求的其他文件。

第十二条 中国证监会依照有关法律、行政法规和本办法对第十一条规定的申请文件进行审查，并自接到符合要求的申请文件之日起15个工作日内作出决定。对符合规定条件的，颁发经营证券业务许可证；对不符合规定条件的，不予颁发，并书面说明理由。

第十三条 未取得中国证监会颁发的经营证券业务许可证，外商投资证券公司不得开业，不得经营证券业务。

第十四条 内资证券公司申请变更为外商投资证券公司的，应当具备本办法第五条规定的条件。

收购或者参股内资证券公司的境外股东应当具备本办法第六条规定的条件，其收购的股权比例或者出资比例应当符合本办法第七条的规定。

内资证券公司股东的实际控制人变更为境外投资者，应当具备本办法第六条规定的条件，其间接控制的证券公司股权比例应当符合本办法第七条的规定。不具备条件或者间接控制证券公司股权比例不符合规定的，应当在3个月内完成规范整改。

第十五条 内资证券公司申请变更为外商投资证券公司，应当向中国证监会提交下列文件：

（一）法定代表人签署的申请表；

（二）股东（大）会关于变更为外商投资证券公司的决议；

（三）公司章程修改草案；

（四）股权转让协议或者出资协议（股份认购协议）；

（五）拟在该证券公司任职的境外投资者委派人员的名单、简历以及相应的从业资格证明文件、任职资格证明文件；

（六）境外股东的营业执照或者注册证书、相关业务资格证书复印件；

（七）申请前3年境外股东经审计的财务报表；

（八）境外股东所在国家或者地区相关监管机构或者中国证监会认可的境外机构出具的关于该境外股东是否具备本办法第六条第（二）项、第（三）项规定条件的说明函；

（九）境外股东具有良好的国际声誉和经营业绩，近3年业务规模、收入、利润居于国际前列以及近3年长期信用情况的证明文件；

（十）由中国境内律师事务所出具的法律意见书；

（十一）中国证监会要求的其他文件。

第十六条 中国证监会依照有关法律、行政法规和本办法对第十五条规定的申请文件进行审查，并在规定期限内作出是否批准的决定，书面通知申请人。不予批准的，书面说明理由。

第十七条 获准变更的证券公司，应当自中国证监会的批准文件签发之日起6个月内，办理股权转让或者增资事宜，向公司登记机关申请变更登记，换领营业执照。

第十八条 获准变更的证券公司应当自变更登记之日起15个工作日内，向中国证监会提交下列文件，申请换发经营证券业务许可证：

（一）营业执照副本复印件；

（二）外商投资证券公司章程；

（三）公司原有经营证券业务许可证及其副本；

（四）由中国境内具有证券相关业务资格的会计师事务所出具的验资报告；

（五）中国证监会要求的其他文件。

第十九条 中国证监会依照有关法律、行政法规和本办法对第十八条规定的申请文件进行审查，并自接到符合要求的申请文件之日起15个工作日内作出决定。对符合规定条件的，换发经营证券业务许可证；对不符合规定条件的，不予换发，并书面说明理由。

第二十条 外商投资证券公司合并或者外商投资证券公司与内资证券公司合并后新设或者存续的证券公司，应当具备本办法规定的外商投资证券公司的设立条件；其境外股东持股比例应当符合本办法的规定。

外商投资证券公司分立后设立的证券公司，股东中有境外股东的，其境外股东持股比例应当符合本办法的规定。

第二十一条 境外投资者可以依法通过证券交易所的证券交易持有上市内资证券公司股份，或者与上市内资证券公司建立战略合作关系并经中国证监会批准持有上市内资证券公司股份。

境外投资者依法通过证券交易所的证券交易持有或者通过协议、其他安排与他人共同持有上市内资证券公司5%以上股份的，应当符合本办法第六条规定的条件，并遵守证券法和中国证监会关于上市公司收购和证券公司变更审批的有关规定。

第二十二条 按照本办法规定提交中国证监会的申请文件及报送中国证监会的资料，必须使用中文。境外股东及其所在国家或者地区相关监管机构或者中国证监会认可的境外机构出具的文件、资料使用外文的，应当附有与原文内容一致的中文译本。

申请人提交的文件及报送的材料，不能充分说明申请人的状况的，中国证监会可以要求申请人作出补充说明。

第二十三条 外商投资证券公司涉及国家安全审查的，按照国家有关规定办理。

第二十四条 香港特别行政区、澳门特别行政区和台湾地区的投资者投资证券公司的，参照适用本办法。国家另有规定的，从其规定。

第二十五条 外商投资证券公司的设立、变更、终止、业务活动及监督管理事项，本办法未作规定的，适用中国证监会的其他有关规定。

第二十六条 本办法自公布之日起施行。《外资参股证券公司设立规则》同时废止。

工矿用地土壤环境管理办法（试行）

（2018年5月3日生态环境部令第3号公布　自2018年8月1日起施行　国法备字[2018000795]）

第一章　总　则

第一条 为了加强工矿用地土壤和地下水环境保护监督管理，防治工矿用地土壤和地下水污染，根据《中华人民共和国环境保护法》《中华人民共和国水污染防治法》等法律法规和国务院印发的《土壤污染防治行动计划》，制定本办法。

第二条 本办法适用于从事工业、矿业生产经营活动的土壤环境污染重点监管单位用地土壤和地下水的环境现状调查、环境影响评价、污染防治设施的建设和运行管理、污染隐患排查、环境监测和风险评估、污染应急、风险管控和治理与修复等活动，以及相关环境保护监督管理。

矿产开采作业区域用地，固体废物集中贮存、填埋场所用地，不适用本办法。

第三条 土壤环境污染重点监管单位（以下简称重点单位）包括：

（一）有色金属冶炼、石油加工、化工、焦化、电镀、制革等行业中应当纳入排污许可重点管理的企业；

（二）有色金属矿采选、石油开采行业规模以上企业；

（三）其他根据有关规定纳入土壤环境污染重点监管单位名录的企事业单位。

重点单位以外的企事业单位和其他生产经营者生产经营活动涉及有毒有害物质的，其用地土壤和地下水环境保护相关活动及相关环境保护监督管理，可以参照本办法执行。

第四条 生态环境部对全国工矿用地土壤和地下水环境保护工作实施统一监督管理。

县级以上地方生态环境主管部门负责本行政区域内的工矿用地土壤和地下水环境保护相关活动的监督管理。

第五条 设区的市级以上地方生态环境主管部门应当制定公布本行政区域的土壤环境污染重点监管单位名单，并动态更新。

第六条 工矿企业是工矿用地土壤和地下水环境保护的责任主体，应当按照本办法的规定开展相关活动。

造成工矿用地土壤和地下水污染的企业应当承担治理与修复的主体责任。

第二章 污染防控

第七条 重点单位新、改、扩建项目，应当在开展建设项目环境影响评价时，按照国家有关技术规范开展工矿用地土壤和地下水环境现状调查，编制调查报告，并按规定上报环境影响评价基础数据库。

重点单位应当将前款规定的调查报告主要内容通过其网站等便于公众知晓的方式向社会公开。

第八条 重点单位新、改、扩建项目用地应当符合国家或者地方有关建设用地土壤污染风险管控标准。

重点单位通过新、改、扩建项目的土壤和地下水环境现状调查，发现项目用地污染物含量超过国家或者地方有关建设用地土壤污染风险管控标准的，土地使用权人或者污染责任人应当参照污染地块土壤环境管理有关规定开展详细调查、风险评估、风险管控、治理与修复等活动。

第九条 重点单位建设涉及有毒有害物质的生产装置、储罐和管道，或者建设污水处理池、应急池等存在土壤污染风险的设施，应当按照国家有关标准和规范的要求，设计、建设和安装有关防腐蚀、防泄漏设施和泄漏监测装置，防止有毒有害物质污染土壤和地下水。

第十条 重点单位现有地下储罐储存有毒有害物质的，应当在本办法公布后一年之内，将地下储罐的信息报所在地设区的市级生态环境主管部门备案。

重点单位新、改、扩建项目地下储罐储存有毒有害物质的，应当在项目投入生产或者使用之前，将地下储罐的信息报所在地设区的市级生态环境主管部门备案。

地下储罐的信息包括地下储罐的使用年限、类型、规格、位置和使用情况等。

第十一条 重点单位应当建立土壤和地下水污染隐患排查治理制度，定期对重点区域、重点设施开展隐患排查。发现污染隐患的，应当制定整改方案，及时采取技术、管理措施消除隐患。隐患排查、治理情况应当如实记录并建立档案。

重点区域包括涉及有毒有害物质的生产区，原材料及固体废物的堆存区、储放区和转运区等；重点设施包括涉及有毒有害物质的地下储罐、地下管线，以及污染治理设施等。

第十二条 重点单位应当按照相关技术规范要求，自行或者委托第三方定期开展土壤和地下水监测，重点监测存在污染隐患的区域和设施周边的土壤、地下水，并按照规定公开相关信息。

第十三条 重点单位在隐患排查、监测等活动中发现工矿用地土壤和地下水存在污染迹象的，应当排查污染源，查明污染原因，采取措施防止新增污染，并参照污染地块土壤环境管理有关规定及时开展土壤和地下水环境调查与风险评估，根据调查与风险评估结果采取风险管控或者治理与修复等措施。

第十四条 重点单位拆除涉及有毒有害物质的生产设施设备、构筑物和污染治理设施的，应当按照有关规定，事先制定企业拆除活动污染防治方案，并在拆除活动前十五个工作日报所在地县级生态环境、工业和信息化主管部门备案。

企业拆除活动污染防治方案应当包括被拆除生产设施设备、构筑物和污染治理设施的基本情况、拆除活动全过程土壤污染防治的技术要求、针对周边环境的污染防治要求等内容。

重点单位拆除活动应当严格按照有关规定实施残留物料和污染物、污染设备和设施的安全处理处置，并做好拆除活动相关记录，防范拆除活动污染土壤和地下水。拆除活动相关记录应当长期保存。

第十五条 重点单位突发环境事件应急预案应当包括防止土壤和地下水污染相关内容。

重点单位突发环境事件造成或者可能造成土壤和地下水污染的，应当采取应急措施避免或者减少土壤和地下水污染；应急处置结束后，应当立即组织开展环境影响和损害评估工作，评估认为需要开展治理与修复的，应当制定并落实污染土壤和地下水治理与修复方案。

第十六条 重点单位终止生产经营活动前，应当参照污染地块土壤环境管理有关规定，开展土壤和地下水环境初步调查，编制调查报告，及时上传全国污染地块土壤环境管理信息系统。

重点单位应当将前款规定的调查报告主要内容通过其网站等便于公众知晓的方式向社会公开。

土壤和地下水环境初步调查发现该重点单位用地污染物含量超过国家或者地方有关建设用地土壤污染风险管控标准的，应当参照污染地块土壤环境管理有关规定开展详细调查、风险评估、风险管控、治理与修复等活动。

第三章 监督管理

第十七条 县级以上生态环境主管部门有权对本行政区域内的重点单位进行现场检查。被检查单位应当予以配合，如实反映情况，提供必要的资料。实施现场检查的部门、机构及其工作人员应当为被检查单位保守商业秘密。

第十八条 县级以上生态环境主管部门对重点单位进行监督检查时，有权采取下列措施：

（一）进入被检查单位进行现场核查或者监测；

（二）查阅、复制相关文件、记录以及其他有关资料；

（三）要求被检查单位提交有关情况说明。

第十九条 重点单位未按本办法开展工矿用地土壤和地下水环境保护相关活动或者弄虚作假的，由县级以上生态环境主管部门将该企业失信情况记入其环境信用记录，并通过全国信用信息共享平台、国家企业信用信息公示系统向社会公开。

第四章 附 则

第二十条 本办法所称的下列用语的含义：

（一）矿产开采作业区域用地，指露天采矿区用地、排土场等与矿业开采作业直接相关的用地。

（二）有毒有害物质，是指下列物质：

1. 列入《中华人民共和国水污染防治法》规定的有毒有害水污染物名录的污染物；

2. 列入《中华人民共和国大气污染防治法》规定的有毒有害大气污染物名录的污染物；

3.《中华人民共和国固体废物污染环境防治法》规定的危险废物；

4. 国家和地方建设用地土壤污染风险管控标准管控的污染物；

5. 列入优先控制化学品名录内的物质；

6. 其他根据国家法律法规有关规定应当纳入有毒有害物质管理的物质。

（三）土壤和地下水环境现状调查，指对重点单位新、改、扩建项目用地的土壤和地下水环境质量进行的调查评估，其主要调查内容包括土壤和地下水中主要污染物的含量等。

（四）土壤和地下水污染隐患，指相关设施设备因设计、建设、运行管理等不完善，而导致相关有毒有害物质泄漏、渗漏、溢出等污染土壤和地下水的隐患。

（五）土壤和地下水污染迹象，指通过现场检查和隐患排查发现有毒有害物质泄漏或者疑似泄漏，或者通过土壤和地下水环境监测发现土壤或者地下水中污染物含量升高的现象。

第二十一条 本办法自2018年8月1日起施行。

海关总署关于修改部分规章的决定

（2018年5月29日海关总署第240号令公布 自2018年7月1日起施行 国法备字[2018000730]）

根据国务院进一步深化“放管服”改革的决策部署，为进一步简化海关手续，减轻企业负担，降低制度性交易成本，海关总署决定对《中华人民共和国海关关于境外登山团体和个人进出境物品管理规定》等82部规章进行修改，具体内容如下：

一、对《中华人民共和国海关关于境外登山团体和个人进出境物品管理规定》（海关总署令第30号公布，根据海关总署令第198号修改）作如下修改：

将第二条中的“持有关主管部门的批件向海关办理物品报关、担保、核销、结案等手续”修改为“凭有关主管部门的批件向海关办理物品报关、担保、核销、结案等手续”。

二、对《中华人民共和国海关对过境货物监管办法》(海关总署令第38号公布,根据海关总署令第198号修改)作如下修改:

(一)将第六条修改为:“经营人应当凭主管部门的批准文件,向海关申请办理报关注册登记手续。经海关核准后,才能负责办理报关事宜。”

(二)删去第八条第(一)项中的“(一式四份)”,将第(三)项修改为“海关需要的发票、装箱清单等其他单证”。

三、对《中华人民共和国海关关于境内公路承运海关监管货物的运输企业及其车辆、驾驶员的管理办法》(海关总署令第88号公布,根据海关总署令第121号、第227号、第235号修改)作如下修改:

(一)将规章名称修改为:“中华人民共和国海关关于境内公路承运海关监管货物的运输企业及其车辆的管理办法”。

(二)删去第一条、第十三条、第十九条、第二十三条、第三十条中的“驾驶员”和第二十九条中的“及其驾驶员”。

(三)删去第二条中的“驾驶员”“或者备案登记”。

(四)删去第三条中的“驾驶员应当办理备案登记手续”。

(五)将第四条修改为:“海关对运输企业、车辆的注册登记资料实行计算机联网管理。”

(六)将第六条修改为:“运输企业办理注册登记时,应当向海关提交《承运海关监管货物境内运输企业注册登记申请表》。”

(七)第七条增加一款,作为第二款:“注册登记证书有效期为其营业执照上注明的营业期限。”

(八)删去第九条第一款第(三)项中的“2张”“4×3寸”。

(九)第十条增加一款,作为第二款:“车辆注册有效期为其机动车行驶证上注明的强制报废期。”

(十)删去第十一条。

(十一)将第十五条修改为:“运输企业在从事海关监管货物运输时,应如实填报交验汽车载货登记簿;货物运抵目的地后,必须向目的地海关办理汽车载货登记簿的核销手续。”

(十二)将第十六条中的“驾驶员”修改为“运输企业”。

(十三)删去第二十四条中的“驾驶员”“驾驶员或其所属企业”。

(十四)删去第二十五条中的“驾驶员”“或者执业”。

(十五)删去第二十六条中的“驾驶员”,删去第(三)项,删去第(四)项中的“或者执业”。

（十六）删去第二十七条中的“车辆”。

（十七）对条文顺序作相应调整。

四、对《中华人民共和国海关关于转关货物监管办法》（海关总署令第89号公布，根据海关总署令第218号、第235号修改）作如下修改：

（一）删去第十五条第（一）项。

增加一款，作为第二款：“广东省内公路运输的，还应当交验《进境汽车载货清单》。”

（二）删去第二十条第一款第（二）项，删去第（三）项中的“电子或者纸质”。

（三）将第二十七条第一款修改为：“出口中转货物，其发货人或者代理人向启运地海关办理出口通关手续后，运输工具代理人应当凭以下单证向启运地海关办理转关手续：

“（一）《出口转关货物申报单》；

“（二）按出境运输工具分列的舱单；

“（三）《汽车载货登记簿》或者《船舶监管簿》。”

五、对《中华人民共和国海关进出口货物申报管理规定》（海关总署令第103号公布，根据海关总署令第198号、第218号、第235号、第238号修改）作如下修改：

（一）将第二条中的“采用电子数据报关单和纸质报关单形式”修改为“采用电子数据报关单或者纸质报关单形式”。

（二）将第五条第一款中的“采用电子数据报关单申报形式和纸质报关单申报形式”修改为“采用电子数据报关单申报形式或者纸质报关单申报形式”。

（三）将第十二条第二款第（四）项、第二十七条第一款第（八）项修改为“海关总署规定的其他进出口单证”。

（四）删去第二十六条第二款、第三款。

（五）删去第二十九条第一款第（一）项。

（六）删去第三十条中的“并且按规定收取工本费”。

六、对《中华人民共和国海关对进出境快件监管办法》（海关总署令第104号公布，根据海关总署令第147号、第198号修改）作如下修改：

（一）删去第十六条。

（二）删去第二十一条中的“（见附件1）”、第二十二条中的“（见附件2）”、第二十三条中的“（见附件3）”“（见附件4）”、第二十七条中的“（见附件5）”。

（三）增加一条，作为第三十条：“本办法所规定的文书由海关总署另行制定并且发布。”

（四）对条文顺序作相应调整。

（五）删去附件。

七、对《中华人民共和国海关对保税仓库及所存货物的管理规定》（海关总署令第105号公布，根据海关总署令第198号、第227号、第235号修改）作如下修改：

（一）删去第八条第（三）项。

（二）删去第九条第（八）项。

（三）将第十条第一款修改为：“企业申请设立保税仓库的，应当向仓库所在地主管海关提交以下书面材料：

“（一）《保税仓库申请书》；

“（二）申请设立的保税仓库位置图及平面图；

“（三）对申请设立寄售维修型保税仓库的，还应当提交经营企业与外商的维修协议。”

（四）删去第十六条中的“和年度财务会计报告”。

八、对《中华人民共和国海关对用于装载海关监管货物的集装箱和集装箱式货车车厢的监管办法》（海关总署令第110号公布，根据海关总署令第198号修改）作如下修改：

（一）将第二条、第四条、第十三条、第十七条、第三十二条中的“本办法规定”修改为“海关总署规定”。

（二）删去第二条中的“（见附件1）”、第十三条中的“（见附件4）”“（见附件5）”、第十四条中的“（式样见附件6）”、第十七条中的“（附件9）”、第十八条中的“（式样见附件10）”、第二十五条中的“（见附件7、附件8）”。

（三）将第六条修改为：“营运人或者其代理人应当按照海关规定向海关传输相关载货清单（舱单）的电子数据。”

（四）删去第八条、第二十六条中的“驾驶员”。

（五）删去第十条。

（六）删去第十六条。

（七）删去第十九条。

（八）增加一条，作为第三十一条：“本办法所规定的文书由海关总署另行制定并且发布。”

（九）对条文顺序作相应调整。

（十）删去附件。

九、对《中华人民共和国海关关于来往香港、澳门小型船舶及所载货物、物

品管理办法》(海关总署令第112号公布,根据海关总署令第235号修改)作如下修改:

(一)删去第七条第一款第(四)项中的“各一式三张”和第二款。

(二)删去第九条第一款第(三)项。

十、对《中华人民共和国海关对常驻机构进出境公用物品监管办法》(海关总署令第115号公布,根据海关总署令第193号、第198号、第235号修改)作如下修改:

(一)删去第四条第一款中的“正本和”、第二款中的“见附件1”。

(二)删去第五条、第十二条中的“《海关备案证》”。

(三)删去第八条中的“见附件2”“见附件3”、第十四条中的“见附件4”。

(四)删去第十条第一款中的“并提交《海关备案证》、提(运)单、发票和装箱单等相关单证”。

(五)删去第十五条中的“(见附件5)”“和《海关备案证》”“(见附件6)”。

(六)增加一条,作为第二十一条:“本办法所规定的文书由海关总署另行制定并且发布。”

(七)对条文顺序作相应调整。

(八)删去附件1至附件6。

十一、对《中华人民共和国海关对非居民长期旅客进出境自用物品监管办法》(海关总署令第116号公布,根据海关总署令第194号、第198号、第235号修改)作如下修改:

(一)删去第四条第一款中的“见附件1”。

删去第二款中的“专家以外的常驻人员还应当提交所在常驻机构的《中华人民共和国海关常驻机构备案证》或者所在外商投资企业的《中华人民共和国海关报关单位注册登记证书》”。

(二)删去第六条中的“见附件2”“见附件3”、第十一条中的“见附件4”、第十二条中的“(见附件5)、本人身份证件、长期居留证件、《监管车辆登记证》”“(见附件6)”。

(三)增加一条,作为第十八条:“本办法所规定的文书由海关总署另行制定并且发布。”

(四)对条文顺序作相应调整。

(五)删去附件1至附件6。

十二、对《中华人民共和国海关关于来往香港、澳门公路货运企业及其车辆和驾驶员的管理办法》(海关总署令第118号公布,根据海关总署令第198号修改)作如下修改:

（一）将规章名称修改为："中华人民共和国海关关于来往香港、澳门公路货运企业及其车辆的管理办法"。

（二）删去第一条、第二十九条中的"和驾驶员"，删去第三条、第十五条、第十六条、第二十四条中的"驾驶员"，删去第十八条中的"或者驾驶员"，删去第二十七条中的"驾驶员或者"。

（三）删去第二条第（三）项。

（四）删去第四条第一款第（一）项中的"（见附件1）"、第（三）项至第（六）项和第二款。

（五）删去第五条第一款第（一）项中的"及驾驶员""（见附件2）"、第（二）项中的"见附件3""海关认可的"，将第（五）项修改为"符合海关要求的车辆彩色照片（包括车辆左前侧面45度角拍摄并可明显看见油箱和粤港/澳两地车牌以及后侧面45度角拍摄并可明显看见粤港/澳两地车牌）"。

删去第三款，删去第四款中的"见附件4"，删去第五款、第六款。

（六）将第六条第（二）项修改为"集装箱式货车的车厢监管标准应当按照海关总署的有关规定执行；如有特殊需要加开侧门的，应当经海关批准，并符合海关监管要求"，删去第（三）项，将第（四）项修改为"车辆的油箱和备用轮胎等装备以原车出厂时的标准配置为准，不得擅自改装或者加装"。

（七）删去第八条。

（八）删去第九条中的"见附件5""驾驶员""见附件6""驾驶员和"。

（九）将第十一条修改为："海关对货运企业、车辆实行年审制度。年审时，海关应当重点审核企业当年度的守法状况。"

（十）删去第十二条中的"（见附件7）""原件正本"。

（十一）删去第十三条中的"驾驶员""及驾驶员""（见附件8）""原件正本"，删去第（三）项、第（五）项。

（十二）将第十七条修改为："货运车辆应当按照海关指定的路线和规定的时限，将所承运的货物完整地运抵指定的监管场所，并确保承运车辆、海关封志、海关监控设备及装载货物的箱（厢）体完好无损。"

（十三）删去第二十条第一款。

（十四）将第二十五条修改为："集装箱牵引车承运的集装箱应当符合海关总署规定的标准要求。"

（十五）将第二十六条修改为："因特殊原因，车辆在境内运输海关监管货物途中需要更换的，货运企业应当立即报告附近海关，在海关监管下更换。附近海关应当及时将更换情况通知货物进境地和指运地海关或者启运地和出境地海关。"

（十六）增加一条，作为第三十条："本办法所规定的文书由海关总署另行制定并且发布。"

（十七）对条文顺序作相应调整。

（十八）删去附件。

十三、对《中华人民共和国海关进出口货物征税管理办法》（海关总署令第124号公布，根据海关总署令第198号、第218号、第235号修改）作如下修改：

（一）将第二十九条第一款修改为："纳税义务人申报进口无代价抵偿货物，应当提交买卖双方签订的索赔协议。"

删去第二款。

（二）将第三十条第一款修改为："纳税义务人申报出口无代价抵偿货物，应当提交买卖双方签订的索赔协议。"

删去第二款。

（三）将第四十五条第二款修改为："进境修理货物需要进口原材料、零部件的，纳税义务人在办理原材料、零部件进口申报手续时，应当向海关提供进口税款担保或者由海关按照保税货物实施管理。进口原材料、零部件只限用于进境修理货物的修理，修理剩余的原材料、零部件应当随进境修理货物一同复运出境。"

（四）将第四十六条第一款修改为："进境修理货物及剩余进境原材料、零部件复运出境的，海关应当办理修理货物及原材料、零部件进境时纳税义务人提供的税款担保的退还手续；海关按照保税货物实施管理的，按照有关保税货物的管理规定办理。"

（五）将第四十九条第一款修改为："纳税义务人在办理出境修理货物复运进境的进口申报手续时，应当向海关提交该货物的维修发票等相关单证。"

（六）将第五十二条第一款修改为："纳税义务人在办理出境加工货物复运进境的进口申报手续时，应当向海关提交该货物的加工发票等相关单证。"

（七）删去第五十八条第二款第（二）项中的"原税款缴款书和"。

（八）删去第五十九条第二款第（二）项、第（三）项。

（九）删去第六十条第二款第（二）项、第（三）项。

（十）将第六十一条修改为："已缴纳出口关税的货物，因故未装运出口申报退关的，纳税义务人自缴纳税款之日起1年内，可以向海关申请退税，并提交《退税申请书》。"

（十一）删去第六十二条第二款第（二）项。

（十二）删去第六十三条第二款第（二）项。

十四、对《中华人民共和国海关出口加工区货物出区深加工结转管理办

法》(海关总署令第 126 号公布)作如下修改:

(一)删去第六条第一款中的“凭出口加工区管委会的批复”。

将第二款修改为:“对转入其他出口加工区、保税区等海关特殊监管区域的,和转入出口加工区、保税区等海关特殊监管区域外加工贸易企业的,转入企业按照前款规定办理结转手续。”

(二)删去第十条第一款中的“见附件 1”。

将第二款中的“多本《加工贸易手册》”修改为“多份《加工贸易手册》”。

(三)删去第十二条中的“一式三联的”“见附件 2”。

(四)增加一条,作为第十九条:“本办法所规定的文书由海关总署另行制定并且发布。”

(五)对条文顺序作相应调整。

(六)删去附件。

十五、对《中华人民共和国海关征收进口货物滞报金办法》(海关总署令第 128 号公布,根据海关总署令第 218 号修改)作如下修改:

(一)将第六条中的“未在规定期限或者核准的期限内递交纸质报关单及随附单证”修改为“未按照海关总署规定递交报关单及随附单证”。

(二)将第十八条修改为:“本办法所规定的文书由海关总署另行制定并且发布。”

(三)删去附件。

十六、对《中华人民共和国海关对保税物流中心(A 型)的暂行管理办法》(海关总署令第 129 号公布,根据海关总署令第 227 号、第 235 号修改)作如下修改:

(一)删去第六条第(二)项中的“拥有营业场所的土地使用权。租赁他人土地、场所经营的,租期不得少于 3 年”。

(二)删去第八条第(二)项至第(四)项,删去第(五)项中的“所用土地、场所的产权证明或者剩余租赁期限不少于 3 年的租赁协议及”、第(六)项。

(三)将第十八条第三款修改为:“物流中心经营企业办理延期手续应当提交《保税物流中心(A 型)注册登记证书》。”

十七、对《中华人民共和国海关对保税物流中心(B 型)的暂行管理办法》(海关总署令第 130 号公布,根据海关总署令第 227 号、第 235 号修改)作如下修改:

(一)删去第七条第(三)项至第(五)项。

(二)删去第十二条第(二)项、第(三)项,删去第(四)项中的“及承租协议”、第(五)项。

（三）将第二十条第三款修改为："物流中心经营企业办理延期手续应当提交《保税物流中心（B型）注册登记证书》。"

十八、对《中华人民共和国海关对免税商店及免税品监管办法》（海关总署令第132号公布）作如下修改：

（一）删去第十一条第一款第（一）项至第（三）项、第（六）项和第二款。

（二）删去第十五条中的"（式样见附件1）"、第十七条中的"（式样见附件2）"、第二十条中的"（式样见附件3）"、第二十三条中的"（式样见附件4）"、第二十五条中的"（式样见附件5）"。

（三）删去第二十七条中的"（式样见附件6）""（式样见附件7）""《货物出口报关单》"。

（四）增加一条，作为第三十一条："本办法所规定的文书由海关总署另行制定并且发布。"

（五）对条文顺序作相应调整。

（六）删去附件1至附件7。

十九、对《中华人民共和国海关对出口监管仓库及所存货物的管理办法》（海关总署令第133号公布，根据海关总署令第227号、第235号修改）作如下修改：

（一）删去第十条中的"和证件"，删去第（二）项至第（六）项。

（二）删去第十二条第二款第（五）项。

（三）删去第十八条中的"和年度财务会计报告"。

二十、对《中华人民共和国海关对保税物流园区的管理办法》（海关总署令第134号公布，根据海关总署令第190号、第235号修改）作如下修改：

删去第十六条第二款中的"和年度财务会计报告"。

二十一、对《中华人民共和国海关行政许可听证办法》（海关总署令第136号公布）作如下修改：

（一）删去第十三条第一款第（一）项中的"（见附件1）"、第（四）项和第二款。

（二）删去第十七条中的"见附件2"、第十八条中的"见附件3"、第二十一条中的"（见附件4）"、第二十三条中的"（见附件5）"。

（三）增加一条，作为第四十一条："本办法所规定的文书由海关总署另行制定并且发布。"

（四）对条文顺序作相应调整。

（五）删去附件。

二十二、对《中华人民共和国海关对上海钻石交易所监管办法》（海关总署

令第152号公布)作如下修改:

(一)将第四条第三款修改为:“以一般贸易方式进出口工业用钻,即税号71022100、71022900、71049011、71051020项下钻石的,不集中在交易所海关办理报关手续,依法征收关税和进口环节增值税。”

(二)删去第五条中的“(格式文本见附件)”。

(三)将第二十四条中的“加工贸易企业凭外经贸主管部门批件,到交易所海关办理内销报关手续”修改为“加工贸易企业应当向交易所海关办理内销报关手续”。

(四)增加一条,作为第二十八条:“本办法所规定的文书由海关总署另行制定并且发布。”

(五)对条文顺序作相应调整。

(六)删去附件。

二十三、对《中华人民共和国海关加工贸易单耗管理办法》(海关总署令第155号公布,根据海关总署令第218号修改)作如下修改:

(一)删去第十七条。

(二)对条文顺序作相应调整。

二十四、对《中华人民共和国海关珠澳跨境工业区珠海园区管理办法》(海关总署令第160号公布,根据海关总署令第189号、第235号修改)作如下修改:

删去第二十条中的“承揽企业营业执照复印件和”。

二十五、对《中华人民共和国海关进出境印刷品及音像制品监管办法》(海关总署令第161号公布)作如下修改:

将第十二条修改为:“除国家另有规定外,进口报纸、期刊、图书类印刷品,经营单位应当凭国家新闻出版主管部门的进口批准文件、目录清单、有关报关单证以及其他需要提供的文件向海关办理进口手续。”

二十六、对《中华人民共和国海关保税港区管理暂行办法》(海关总署令第164号公布,根据海关总署令第191号、第235号修改)作如下修改:

删去第二十九条中的“承揽企业营业执照复印件和”。

二十七、对《中华人民共和国海关进出境运输工具舱单管理办法》(海关总署令第172号公布,根据海关总署令第235号修改)作如下修改:

(一)将第六条第一款修改为:“舱单传输人、海关监管作业场所经营人、理货部门、出口货物发货人应当向其经营业务所在地直属海关或者经授权的隶属海关备案,并提交《备案登记表》。”

删去第二款至第四款。

（二）将第三十三条修改为："舱单传输人向海关申请变更货物、物品舱单或者旅客舱单时，应当提交《舱单变更申请表》和加盖有舱单传输人公章的正确舱单。"

二十八、对《中华人民共和国海关保税核查办法》（海关总署令第173号公布）作如下修改：

（一）将第七条中的"纸质单证和报送的电子数据"修改为"有关单证材料"。

（二）将第十九条修改为："被核查人提供具备相关资质和能力的专业机构出具的审计报告，并经海关审核认定的，海关可以对被核查人免于实施保税核查；海关认为必要时，可以委托专业机构作出专业结论。"

（三）删去第二十一条中的"纸质资料和电子数据"。

（四）删去第二十三条中的"（见附件1）"、第二十六条中的"（见附件2）"。

（五）增加一条，作为第二十九条："本办法所规定的文书由海关总署另行制定并且发布。"

（六）对条文顺序作相应调整。

（七）删去附件。

二十九、对《中华人民共和国海关对外国驻中国使馆和使馆人员进出境物品监管办法》（海关总署令第174号公布）作如下修改：

（一）将第五条第一款中的"应当持下列资料到主管海关办理备案手续"修改为"应当凭下列资料向主管海关办理备案手续"，删去第（一）项中的"原件及其"，将第（二）项中的"样本一式五份"修改为"样式"，第（三）项中的"样本一式五份""样本"修改为"样式"，删去第（四）项中的"原件及其"。

（二）删去第十条中的"（见附件1）"、第十一条中的"（见附件2）"、第十三条中的"见附件3""身份证复印件""副本"、第十六条中的"见附件4"。

（三）将第二十二条修改为："外交信使携带（含附载于同一运输工具的）外交邮袋进出境时，必须凭派遣国主管机关出具的载明其身份和所携外交邮袋件数的信使证明书向海关办理有关手续。海关验核信使证明书无误后予以免验放行。"

（四）将第二十七条第二款修改为："申请解除监管时，应当出具照会，并凭《中华人民共和国海关公/自用车辆解除监管申请表》《机动车辆行驶证》向主管海关申请办理解除监管手续。"

删去第三款中的"见附件6"。

（五）增加一条，作为第三十三条："本办法所规定的文书由海关总署另行制定并且发布。”

（六）对条文顺序作相应调整。

（七）删去附件。

三十、对《中华人民共和国海关进出口货物减免税管理办法》（海关总署令第179号公布，根据海关总署令第235号修改）作如下修改：

（一）删去第六条第一款第（二）项中的“企业营业执照或者”、第（四）项和第二款。

（二）删去第十一条第一款第（二）项中的“企业营业执照或者”、第（五）项和第二款。

三十一、对《中华人民共和国海关关于〈中华人民共和国知识产权海关保护条例〉的实施办法》（海关总署令第183号公布）作如下修改：

将第七条第一款第（一）项修改为“知识产权权利人的身份证明文件”，删去第（二）项中的“商标局”、第（六）项。

三十二、对《中华人民共和国海关进出境运输工具监管办法》（海关总署令第196号公布）作如下修改：

（一）删去第六条中的“电子数据和纸质”。

（二）将第十条第一款中的“持《备案变更表》和有关文件到备案海关办理备案变更手续”修改为“凭《备案变更表》和有关文件向备案海关办理备案变更手续”。

（三）删去第十五条第一款中的“电子数据和纸质”。

（四）将第三十条第一款第（二）项修改为“添加、起卸物料明细单以及合同、发票等相关单证”，删去第（三）项。

三十三、对《中华人民共和国海关管道运输进口能源监管办法》（海关总署令第204号公布）作如下修改：

（一）将第四条第一款修改为：“管道经营单位应当依照本办法规定向计量站所在地直属海关办理备案手续，并提交管道经营单位备案登记表。”

（二）删去第八条中的“纸质”。

（三）增加一条，作为第二十条：“本办法所规定的文书由海关总署另行制定并且发布。”

（四）对条文顺序作相应调整。

（五）删去附件。

三十四、对《中华人民共和国海关进口货物直接退运管理办法》（海关总署令第217号公布，根据海关总署令第238号修改）作如下修改：

（一）将第三条第（五）项修改为“货物残损或者检验检疫不合格，能够提供相关检验证明文书的”。

（二）删去第五条第一款中的“原报关单或者转关单以及证明进口实际情况的合同、发票、装箱清单、提运单或者载货清单等相关单证、证明文书”。

三十五、对《中华人民共和国海关加工贸易货物监管办法》（海关总署令第219号公布，根据海关总署令第235号修改）作如下修改：

（一）删去第九条。

（二）删去第十二条第（四）项。

（三）删去第二十一条。

（四）删去第四十三条。

（五）删去第四十四条。

（六）对条文顺序作相应调整。

三十六、对《中华人民共和国海关进出口货物报关单修改和撤销管理办法》（海关总署令第220号公布，根据海关总署令第238号修改）作如下修改：

（一）删去第三条第二款。

（二）删去第六条第一款第（四）项中的“和电子数据”，将第（五）项修改为“符合第五条第（五）项情形，当事人将全部或者部分货物直接退运境外的，应当提交《进口货物直接退运表》”，删去第（七）项。

（三）将第七条第一款第（一）项修改为“可以反映进出口货物实际情况的合同、发票、装箱单、提运单或者载货清单等相关单证”，第（二）项修改为“详细情况说明以及相关证明材料”，删去第（三）项。

三十七、对《中华人民共和国海关报关单位注册登记管理规定》（海关总署令第221号公布，根据海关总署令第235号修改）作如下修改：

（一）将第九条修改为：“申请报关企业注册登记许可，应当提交《报关单位情况登记表》。”

（二）将第十六条第一款修改为：“报关企业设立分支机构应当向其分支机构所在地海关提交《报关单位情况登记表》。”

删去第二款。

（三）将第十八条第一款中的“变更后的工商营业执照或者其他批准文件及复印件”修改为“以及变更证明文件等相关材料”。

删去第二款中的“凭变更后的营业执照副本或者其他批准文件及复印件”、第三款中的“凭变更证明文件等相关材料”。

（四）删去第二十条第一款中的“同时提交本规定第九条第一款第（一）项至第（四）项规定的文件材料。依照海关规定提交复印件的，还应当同时交验原件”。

（五）将第二十四条修改为："进出口货物收发货人申请办理注册登记，应当提交《报关单位情况登记表》。"

（六）将第三十一条第一款中的"变更后的营业执照副本或者其他批准文件以及复印件"修改为"变更证明文件等相关材料"。

删去第二款中的"凭变更证明文件等相关材料"。

（七）删去第三十五条第一款中的"纸质"。

三十八、对《中华人民共和国海关监管区管理暂行办法》（海关总署令第232号公布）作如下修改：

（一）删去第十五条第一款第（二）项。

（二）删去第十九条中的"电子""或者纸质放行凭证"。

（三）删去第二十七条第一款第（一）项中的"电子""或者纸质放行凭证"。

三十九、对《进口汽车检验管理办法》（国家出入境检验检疫局令第1号公布，根据海关总署令第238号修改）作如下修改：

将第四条中的"应持合同、发票、提（运）单、装箱单等单证及有关技术资料"修改为"应当凭合同、发票、提（运）单、装箱单等单证以及有关技术资料"。

四十、对《供港澳活羊检验检疫管理办法》（国家出入境检验检疫局令第3号公布，根据海关总署令第238号修改）作如下修改：

（一）将第五条第（五）项修改为"建立动物卫生防疫制度、饲养管理制度，并符合《供港澳活羊中转场动物卫生防疫要求》"。

（二）将第六条修改为："申请注册的中转场应当填写《供港澳活羊中转场检验检疫注册申请表》，并提供中转场平面图，同时提供重点区域的照片或者视频资料。"

四十一、对《供港澳活牛检验检疫管理办法》（国家出入境检验检疫局令第4号公布，根据海关总署令第238号修改）作如下修改：

（一）将第六条第（四）项修改为"建立动物卫生防疫制度、饲养管理制度，并符合《供港澳活牛育肥场动物卫生防疫要求》"。

（二）将第七条第（四）项修改为"建立动物卫生防疫制度、饲养管理制度，并符合《供港澳活牛中转仓动物卫生防疫要求》"。

（三）将第八条修改为："申请注册的育肥场、中转仓应当填写《供港澳活牛育肥场、中转仓检验检疫注册申请表》，并提供育肥场、中转仓平面图，同时提供重点区域的照片或者视频资料。"

（四）删去第二十五条第一款中的"经海关培训考核合格的""铁路运输的押运员还须持有外经贸部门颁发的押运员证书"。

四十二、对《进境植物繁殖材料检疫管理办法》（国家出入境检验检疫局令第10号公布，根据海关总署令第238号修改）作如下修改：

（一）将第八条第一款修改为："引种单位、个人或者其代理人应当在植物繁殖材料进境前取得《进境动植物检疫许可证》或者《引进种子、苗木检疫审批单》，并在进境前10－15日向入境口岸直属海关办理备案手续。"

（二）将第十条第一款修改为："引种单位、个人或者其代理人在《进境动植物检疫许可证》或者《引进种子、苗木检疫审批单》核查备案后，应当在植物繁殖材料进境前7日凭输出国家（或地区）官方植物检疫部门出具的植物检疫证书、产地证书、贸易合同、发票以及其他必要的单证向指定的海关报检。"

（三）删去第十四条第二款中的"经海关核准的"。

四十三、对《进境栽培介质检疫管理办法》（国家出入境检验检疫局令第13号公布，根据国家质量监督检验检疫总局令第196号、海关总署令第238号修改）作如下修改：

将第八条修改为："输入栽培介质的货主或者其代理人，应当在进境前取得检疫审批单，向进境口岸海关报检时应当提供输出国官方植物检疫证书、贸易合同和发票等单证。检疫证书上必须注明栽培介质经检疫符合中国的检疫要求。"

四十四、对《出入境检验检疫报检规定》（国家出入境检验检疫局令第16号公布，根据国家质量监督检验检疫总局令第196号、海关总署令第238号修改）作如下修改：

（一）将第十条中的"下列情况报检时除按第九条规定办理外，还应按要求提供有关文件"修改为"入境报检时除按第九条规定办理外，还应当符合下列要求"，第（三）项中的"应提供主管海关或者其他检验机构签发的"修改为"应当取得"，第（七）项修改为"入境的国际旅行者，国内外发生重大传染病疫情时，应当填写《出入境检疫健康申明卡》"，第（八）项中的"还应提供入境动植物检疫许可证"修改为"还应当取得入境动植物检疫许可证"，第（九）项中的"还应提交海关总署签发的动植物过境许可证"修改为"还应当取得海关总署签发的动植物过境许可证"，第（十二）项中的"必须提供海关总署签发的特许审批证明"修改为"应当取得海关总署签发的特许审批证明"。

（二）删去第十一条中的"信用证"。

（三）将第十二条中的"下列情况报检时除按第十一条规定办理外，还应按要求提供有关文件"修改为"出境报检时除按第十一条规定办理外，还应当符合下列要求"，第（七）项修改为"报检出境危险货物时，应当取得危险货物包装容器性能鉴定结果单和使用鉴定结果单"。

四十五、对《供港澳活禽检验检疫管理办法》（国家出入境检验检疫局令第

26 号公布，根据海关总署令第 238 号修改）作如下修改：

（一）将第七条第（二）项修改为"建立饲养场动物防疫制度、饲养管理制度或者全面质量保证（管理）体系，并符合供港澳活禽饲养场动物卫生基本要求"。

（二）将第八条修改为："申请注册的活禽饲养场应当填写《供港澳活禽检验检疫注册申请表》，同时提供饲养场平面图，并提供重点区域的照片或者视频资料。"

四十六、对《供港澳活猪检验检疫管理办法》（国家出入境检验检疫局令第 27 号公布，根据海关总署令第 238 号修改）作如下修改：

（一）将第八条修改为："申请注册的饲养场应当填写《供港澳活猪饲养场检验检疫注册申请表》，同时提供饲养场平面图，并提供重点区域的照片或者视频资料。"

（二）将第九条修改为："申请注册的饲养场应当建立饲养场饲养管理制度以及动物卫生防疫制度，并符合《供港澳活猪注册饲养场的条件和动物卫生基本要求》。"

四十七、对《出入境快件检验检疫管理办法》（国家质量监督检验检疫总局令第 3 号公布，根据海关总署令第 238 号修改）作如下修改：

（一）将第一条中的"中华人民共和国食品卫生法"修改为"中华人民共和国食品安全法"。

（二）将第八条中的"属于下列情形之一的，还应向海关提供有关文件"修改为"并应当符合下列要求"，第（一）项中的"应提供相应的检疫审批许可证和检疫证明"修改为"应当取得相应的检疫审批许可证和检疫证明"，第（二）项中的"应提供海关总署签发的特许审批证明"修改为"应当取得海关总署签发的特许审批证明"，删去第（五）项。

四十八、对《进口涂料检验监督管理办法》（国家质量监督检验检疫总局令第 18 号公布，根据海关总署令第 238 号修改）作如下修改：

（一）删去第七条第（二）项、第（五）项。

（二）删去第十五条第一款，将第二款中的"海关按照以下规定实施检验"修改为"对已经备案的涂料，海关接受报检后，按照以下规定实施检验"。

四十九、对《进出口商品免验办法》（国家质量监督检验检疫总局令第 23 号公布，根据海关总署令第 238 号修改）作如下修改：

（一）删去第七条第（二）项中的"一式三份""质量管理体系文件""主管海关出具的合格率证明和初审报告"。

（二）删去第十八条中的"有效的免验证书""信用证"。

五十、对《进境动植物检疫审批管理办法》（国家质量监督检验检疫总局令第25号公布，根据国家质量监督检验检疫总局令第170号、海关总署令第238号修改）作如下修改：

删去第六条第二款第（四）项、第（七）项。

五十一、对《国际航行船舶出入境检验检疫管理办法》（国家质量监督检验检疫总局令第38号公布，根据国家质量监督检验检疫总局令第196号、海关总署令第238号修改）作如下修改：

删去第二十条中的“有第十九条所列情况的，应当提交相关检验检疫证书”。

五十二、对《中华人民共和国实施金伯利进程国际证书制度管理规定》（国家质量监督检验检疫总局令第42号公布，根据国家质量监督检验检疫总局令第196号、海关总署令第238号修改）作如下修改：

（一）删去第二十一条。

（二）对条文顺序作相应调整。

五十三、对《出境竹木草制品检疫管理办法》（国家质量监督检验检疫总局令第45号公布，根据海关总署令第238号修改）作如下修改：

删去第十条中的“（一式两份）”、第（二）项、第（五）项、第（六）项。

五十四、对《进境动物遗传物质检疫管理办法》（国家质量监督检验检疫总局令第47号公布，根据海关总署令第238号修改）作如下修改：

（一）将第十二条中的“应当持《检疫许可证》、贸易合同或协议、信用证、发票等有效单证，在动物遗传物质进境前向进境口岸海关报检”修改为“应当在动物遗传物质进境前，凭贸易合同或者协议、发票等有效单证向进境口岸海关报检”。

（二）将第十五条修改为：“经进境口岸海关现场检疫合格的，调往《检疫许可证》指定的地点实施检疫。”

（三）删去第十六条中的“并提供本办法第十二条规定的单证复印件和进境口岸海关签发的《入境货物通关单》”。

（四）删去第二十条第（四）项。

（五）将第二十二条中的“使用单位应当填写《进境动物遗传物质检疫监管档案》”修改为“使用单位应当建立进境动物遗传物质使用的管理制度，填写《进境动物遗传物质检疫监管档案》”。

五十五、对《沙头角边境特别管理区进出物品检验检疫管理规定》（国家质量监督检验检疫总局令第55号公布，根据海关总署令第238号修改）作如下修改：

（一）将第一条中的“中华人民共和国食品卫生法”修改为“中华人民共和国食品安全法”。

（二）将第九条修改为：“进出管理区的货物属于实行检疫许可制度或者卫生注册登记制度管理的，应当取得检疫许可证明或者卫生注册登记证明。”

五十六、对《出境货物木质包装检疫处理管理办法》（国家质量监督检验检疫总局令第69号公布，根据海关总署令第238号修改）作如下修改：

（一）删去第四条中的“本办法”。

增加一款，作为第一款：“对木质包装实施除害处理并加施标识的企业（以下简称标识加施企业）应当建立木质包装生产防疫制度和质量控制体系。”

（二）将第五条中的“对木质包装实施除害处理并加施标识的企业（以下简称标识加施企业）”修改为“标识加施企业”，删去第（二）项、第（五）项、第（六）项。

五十七、对《保税区检验检疫监督管理办法》（国家质量监督检验检疫总局令第71号公布，根据海关总署令第238号修改）作如下修改：

（一）将第一条中的“中华人民共和国食品卫生法”修改为“中华人民共和国食品安全法”。

（二）将第十六条中的“应当向保税区海关提交产地海关签发的检验检疫合格证明”修改为“已取得产地海关签发的检验检疫合格证明的”。

（三）将第十八条中的“转口动物应同时提供海关总署签发的《动物过境许可证》和输入国家或地区政府部门签发的允许进境的证明”修改为“转口动物的，还应当取得海关总署签发的《动物过境许可证》，并在入境报检时提供输入国家或者地区政府部门签发的允许进境的证明”。

五十八、对《进出口商品复验办法》（国家质量监督检验检疫总局令第77号公布，根据海关总署令第238号修改）作如下修改：

将第八条修改为：“报检人申请复验，应当按照规定如实填写复验申请表。”

五十九、对《国境口岸食品卫生监督管理规定》（国家质量监督检验检疫总局令第88号公布，根据国家质量监督检验检疫总局令第174号、海关总署令第238号修改）作如下修改：

（一）删去第九条第（二）项、第（三）项、第（八）项。

（二）删去第十条第三款中的“（现场考核时间除外，现场考核时间最长不超过1个月）”。

（三）将第十三条修改为：“取得《卫生许可证》的食品生产经营单位在向异地食品生产经营单位提供食品及食品用产品时，可到该地的海关备案。”

六十、对《出境水果检验检疫监督管理办法》(国家质量监督检验检疫总局令第91号公布,根据海关总署令第238号修改)作如下修改:

(一)将第一条、第二十九条中的"中华人民共和国食品卫生法"修改为"中华人民共和国食品安全法"。

(二)删去第七条中的"(一式两份)",将第(二)项修改为"果园示意图、平面图",删去第(三)项,将第(四)项修改为"植保专业技术人员的资格证明或者相应技术学历证书复印件"。

(三)删去第八条中的"(一式两份)"、第(二)项、第(五)项。

(四)删去第十条第一款中的"(现场考核时间不计算在内)"。

(五)将第二十二条第二款中的"注册登记果园对运往所在地海关辖区以外的包装厂的出境水果,应当向所在地海关申请产地供货证明"修改为"注册登记果园向包装厂提供出境水果时,应当随附产地供货证明"。

(六)将第二十三条修改为:"出境水果应当向包装厂所在地海关报检,按报检规定提供有关单证及产地供货证明;出境水果来源不清楚的,不予受理报检。"

六十一、对《出境水生动物检验检疫监督管理办法》(国家质量监督检验检疫总局令第99号公布,根据国家质量监督检验检疫总局令第196号、海关总署令第238号修改)作如下修改:

(一)将第一条中的"中华人民共和国食品卫生法"修改为"中华人民共和国食品安全法"。

(二)将第五条第(四)项修改为"具有符合检验检疫要求的养殖、包装、防疫、疫情报告、饲料和药物存放及使用、废弃物和废水处理、人员管理、引进水生动物等专项管理制度"。

(三)删去第九条中的"(一式3份)"、第(二)项,将第(四)项修改为"场区平面示意图,并提供重点区域的照片或者视频资料",删去第(五)项至第(七)项,将第(八)项修改为"水质检测报告"。

(四)将第十二条修改为:"直属海关应当在受理申请后组成评审组,对申请注册登记的养殖场或者中转场进行现场评审。评审组应当在现场评审结束后向直属海关提交评审报告。"

(五)删去第十三条。

(六)将第十四条修改为:"直属海关应当自受理申请之日起20日内对申请人的申请事项作出是否准予注册登记的决定;准予注册登记的,颁发《出境水生动物养殖场/中转场检验检疫注册登记证》(以下简称《注册登记证》),并上报海关总署。

“直属海关自受理申请之日起20日内不能作出决定的,经直属海关负责人批准,可以延长10日,并应当将延长期限的理由告知申请人。”

（七）删去第十七条第一款中的“(一式3份)”。

（八）删去第二十一条第一款第(三)项。

（九）删去第二十二条第一款中的“报检时应当提供《注册登记证》(复印件)等单证,并按照检验检疫报检规定提交相关材料”、第二款。

（十）将第二十五条修改为:“经检验检疫合格的,海关对装载容器或者运输工具加施封识,并按照进口国家或者地区的要求出具《动物卫生证书》。”

（十一）对条文顺序作相应调整。

六十二、对《进出口商品数量重量检验鉴定管理办法》(国家质量监督检验检疫总局令第103号公布,根据国家质量监督检验检疫总局令第172号、海关总署令第238号修改)作如下修改:

将第八条第二款修改为:“包(件)装出口商品数量、重量检验的报检手续,应当在规定的期限内向商品生产地海关办理。需要在口岸换证出口的,发货人应当在规定的期限内向出口口岸海关申请查验。”

六十三、对《进出口玩具检验监督管理办法》(国家质量监督检验检疫总局令第111号公布,根据国家质量监督检验检疫总局令第173号、海关总署令第238号修改)作如下修改:

删去第二十六条中的“标志”“货物通关单”。

六十四、对《中华人民共和国非优惠原产地证书签证管理办法》(国家质量监督检验检疫总局令第114号公布,根据国家质量监督检验检疫总局令第184号、海关总署令第238号修改)作如下修改:

（一）将第七条第一款第(一)项中的“登记表”修改为“备案表”,删去第(二)项、第(三)项。

（二）将第八条修改为:“签证机构根据第七条第一款前四项的规定对申请人及其申报产品、原产地申报人员相关信息、原产地标记等信息进行核对无误后,向申请人发放《原产地证书申请企业备案证》。”

（三）将第九条修改为:“第七条第一款前四项备案内容发生变更时,申请人应当及时到签证机构办理变更手续。”

（四）将第十条修改为:“申请人取得《原产地证书申请企业备案证》再次申请办理原产地证书时,可免予提供第七条第一款前四项的材料。”

（五）将第十七条、第三十条、第三十八条中的“登记”修改为“备案”。

（六）删去第二十三条第二款第(四)项。

（七）将第三十五条中的“《中华人民共和国进出口商品检验法实施条例》

第四十九条”修改为“《中华人民共和国进出口商品检验法实施条例》第四十七条”。

六十五、对《进出口饲料和饲料添加剂检验检疫监督管理办法》(国家质量监督检验检疫总局令第118号公布,根据国家质量监督检验检疫总局令第184号、海关总署令第238号修改)作如下修改:

(一)删去第十六条中的“信用证”“进境动植物检疫许可证”,将“《进口饲料和饲料添加剂产品登记证》(复印件)”修改为“饲料和饲料添加剂进口登记证”。

(二)删去第二十六条中的“提供营业执照复印件”。

(三)删去第三十二条中的“(一式3份)”、第(二)项、第(四)项、第(五)项,将第(七)项修改为“厂区平面图,并提供重点区域的照片或者视频资料”。

(四)将第三十四条修改为:“直属海关应当在受理申请后组成评审组,对申请注册登记的出口生产企业进行现场评审。评审组应当在现场评审结束后向直属海关提交评审报告。”

(五)删去第三十五条。

(六)将第三十六条修改为:“直属海关应当自受理申请之日起20日内对申请人的申请事项作出是否准予注册登记的决定;准予注册登记的,颁发《出口饲料生产、加工、存放企业检验检疫注册登记证》(以下简称《注册登记证》)。

“直属海关自受理申请之日起20日内不能作出决定的,经直属海关负责人批准,可以延长10日,并应当将延长期限的理由告知申请人。”

(七)删去第三十八条中的“(一式三份)”。

(八)将第四十三条修改为:“饲料出口前,货主或者代理人应当凭贸易合同、出厂合格证明等单证向产地海关报检。海关对所提供的单证进行审核,符合要求的受理报检。”

(九)删去第五十二条中的“提供营业执照复印件”。

(十)对条文顺序作相应调整。

六十六、对《供港澳蔬菜检验检疫监督管理办法》(国家质量监督检验检疫总局令第120号公布,根据国家质量监督检验检疫总局令第196号、海关总署令第238号修改)作如下修改:

(一)删去第十一条中的“一式二份”、第(二)项,将第(三)项修改为“种植基地示意图、平面图”,删去第(五)项。

(二)删去第十九条中的“一式二份”、第(二)项、第(四)项、第(五)项。

六十七、对《进境动物隔离检疫场使用监督管理办法》(国家质量监督检验检疫总局令第122号公布，根据海关总署令第238号修改）作如下修改：

（一）删去第八条第（三）项、第（五）项。

（二）将第九条中的"申请使用指定隔离场的，使用人应当在办理《中华人民共和国进境动植物检疫许可证》前，向所在地直属海关提交如下材料"修改为"申请使用指定隔离场的，应当建立隔离场动物防疫、饲养管理等制度。使用人应当在办理《中华人民共和国进境动植物检疫许可证》前，向所在地直属海关提交如下材料"。

删去第（三）项，将第（四）项修改为"隔离场整体平面图及显示隔离场主要设施和环境的照片或者视频资料"，删去第（五）项、第（九）项。

（三）删去第十一条第一款中的"（现场考核评审时间不计入20个工作日内）"。

六十八、对《进出口化妆品检验检疫监督管理办法》（国家质量监督检验检疫总局令第143号公布，根据海关总署令第238号修改）作如下修改：

（一）删去第八条第二款第（七）项和第三款。

（二）将第二十三条第一款第（一）项修改为"出口化妆品企业生产许可证以及生产企业备案材料"，删去第二款。

六十九、对《出入境人员携带物检疫管理办法》（国家质量监督检验检疫总局令第146号公布，根据海关总署令第238号修改）作如下修改：

（一）将第十六条第二款中的"向主管海关提供"修改为"取得"。

（二）删去第十九条第一款中的"向海关提供《入/出境特殊物品审批单》并"、第二款。

（三）将第二十三条第一款第（四）项修改为"应当取得检疫许可证以及其他相关单证，未取得的"。

（四）将第三十条第一款修改为："因应当取得而未取得检疫许可证以及其他相关单证被截留的携带物，携带人应当在截留期限内取得单证，海关对单证核查合格，无需作进一步实验室检疫、隔离检疫或者其他检疫处理的，予以放行；未能取得有效单证的，作限期退回或者销毁处理。"

七十、对《进口棉花检验监督管理办法》（国家质量监督检验检疫总局令第151号公布，根据海关总署令第238号修改）作如下修改：

（一）删去第二十七条中的"报检时，除提供规定的报检单证外，已登记境外供货企业应当提供《进口棉花境外供货企业登记证书》（复印件）"。

（二）将第三十九条中的"《中华人民共和国进出口商品检验法实施条例》第五十九条"修改为"《中华人民共和国进出口商品检验法实施条例》第五十六条"。

七十一、对《海南出入境游艇检疫管理办法》(国家质量监督检验检疫总局令第153号公布,根据海关总署令第238号修改)作如下修改:

将第八条第一款修改为:"无重大疫病疫情时,已取得《交通工具卫生证书》《船舶免予卫生控制措施证书/船舶卫生控制措施证书》的,艇方或者其代理人可以向海关申请电讯检疫。"

七十二、对《进出境非食用动物产品检验检疫监督管理办法》(国家质量监督检验检疫总局令第159号公布,根据国家质量监督检验检疫总局令第184号、海关总署令第238号修改)作如下修改:

(一)将第十九条中的"须办理检疫审批的应当提供检疫许可证"修改为"须办理检疫审批的应当取得检疫许可证"。

(二)删去第二十五条第一款中的"有效检疫许可证和"。

(三)删去第四十三条中的"(一式三份)"、第(二)项至第(四)项,将第(五)项修改为"厂区平面图,并提供重点区域的照片或者视频资料",删去第(七)项。

(四)将第四十五条修改为:"直属海关应当在受理申请后组成评审组,对申请注册登记的出境生产加工企业进行现场评审。评审组应当在现场评审结束后及时向直属海关提交评审报告。"

(五)删去第四十六条。

(六)将第四十七条修改为:"直属海关应当自受理申请之日起20日内对申请人的申请事项作出是否准予注册登记的决定;准予注册登记的,颁发《出境非食用动物产品生产、加工、存放企业检验检疫注册登记证》(以下简称《注册登记证》)。

"直属海关自受理申请之日起20日内不能作出决定的,经直属海关负责人批准,可以延长10日,并应当将延长期限的理由告知申请人。"

(七)删去第五十条第一款中的"(一式三份)"。

(八)删去第五十七条中的"信用证、《注册登记证》(复印件)"。

(九)删去第六十条中的"《出境货物换证凭单》""等相关证书"。

(十)对条文顺序作相应调整。

七十三、对《出入境特殊物品卫生检疫管理规定》(国家质量监督检验检疫总局令第160号公布,根据国家质量监督检验检疫总局令第184号、海关总署令第238号修改)作如下修改:

(一)删去第九条第(三)项、第(四)项。

(二)删去第十条第一款第(一)项,将第(三)项修改为"实验室生物安全资质证明文件",删去第二款中的"同时交验原件"。

（三）删去第十三条第四款。

（四）将第十八条第一款中的“不能提供《特殊物品审批单》”修改为“未取得《特殊物品审批单》”，第二款中的“补交《特殊物品审批单》”修改为“取得《特殊物品审批单》”。

（五）删去第二十条。

（六）将第二十一条第一款第（五）项中的“未补交《特殊物品审批单》”修改为“未取得《特殊物品审批单》”。

（七）删去第二十四条中的“未经海关同意，不得擅自使用”。

（八）删去第二十九条第（六）项。

（九）对条文顺序作相应调整。

七十四、对《出入境检验检疫报检企业管理办法》（国家质量监督检验检疫总局令第 161 号公布，根据国家质量监督检验检疫总局令第 184 号、海关总署令第 238 号修改）作如下修改：

（一）删去第五条第一款第（二）项、第（四）项、第（五）项，删去第二款中的“提交复印件的应当同时交验原件”。

（二）将第十七条中的“持变更证明文件”修改为“凭变更证明文件”。

七十五、对《进出境中药材检疫监督管理办法》（国家质量监督检验检疫总局令第 169 号公布，根据海关总署令第 238 号修改）作如下修改：

（一）删去第十二条第（六）项。

（二）将第十七条中的“持下列材料”修改为“凭下列材料”，删去第（一）项中的“原件”、第（二）项，删去第（四）项中的“及其他有关单证”。

（三）删去第三十二条第（一）项中的“（一式 2 份）”、第（二）项至第（四）项，将第（五）项修改为“厂区平面图，并提供重点区域的照片或者视频资料”，删去第（七）项。

（四）将第三十四条修改为：“直属海关应当在受理申请后组成评审组，对提出申请的出境生产企业进行现场评审。评审组应当在现场评审结束后及时向直属海关提交评审报告。”

（五）删去第三十五条。

（六）将第三十六条修改为：“直属海关应当自受理申请之日起 20 日内对申请人的申请事项作出是否准予注册登记的决定；准予注册登记的，颁发注册登记证。

“直属海关自受理申请之日起 20 日内不能作出决定的，经直属海关负责人批准，可以延长 10 日，并应当将延长期限的理由告知申请人。”

（七）删去第三十七条第一款中的“（一式 2 份）。”

（八）删去第三十九条第（三）项中的“原件”。

（九）对条文顺序作相应调整。

七十六、对《进口旧机电产品检验监督管理办法》（国家质量监督检验检疫总局令第171号公布，根据国家质量监督检验检疫总局令第187号、海关总署令第238号修改）作如下修改：

（一）将第十二条中的“持下列资料”修改为“凭下列资料”，删去第（二）项中的“海关或者检验机构出具的”。

（二）删去第十三条。

（三）对条文顺序作相应调整。

七十七、对《进出境粮食检验检疫监督管理办法》（国家质量监督检验检疫总局令第177号公布，根据海关总署令第238号修改）作如下修改：

（一）删去第十二条第一款第（三）项中的“信用证”、第（四）项。

（二）删去第二十八条第一款中的“信用证”。

七十八、对《出入境检疫处理单位和人员管理办法》（国家质量监督检验检疫总局令第181号公布，根据海关总署令第238号修改）作如下修改：

（一）删去第十五条第（二）项至第（四）项，将第（五）项修改为“申请单位所属检疫处理人员名单”。

（二）将第十七条修改为：“直属海关应当在受理申请后组成评审专家组，对提出申请的检疫处理单位进行现场考核评审并提交书面评审报告。”

七十九、对《国境口岸卫生许可管理办法》（国家质量监督检验检疫总局令第182号公布，根据国家质量监督检验检疫总局令第196号、海关总署令第238号修改）作如下修改：

（一）将第九条第（五）项修改为“具有经过食品安全培训、符合相关条件的食品安全管理人员”。

增加一项，作为第（六）项“建立与本单位实际相适应的保证食品安全的规章制度，包括环境清洁卫生管理制度、食品安全自查管理制度、食品进货查验记录制度、从业人员健康管理制度。从事食品生产的，还应当建立生产加工过程食品安全管理制度、出厂检验记录制度、不合格产品管理制度；从事餐饮服务的，还应当建立设施设备卫生管理制度、清洗消毒制度、加工操作规程、食品添加剂的管理制度”。

（二）将第十条第（一）项修改为“建立生活饮用水卫生管理制度，包括从业人员卫生培训、专（兼）职卫生管理人员、供水设备设施维护、卫生管理档案等有关内容”。

（三）将第十一条第（二）项修改为“设立卫生管理人员，具体负责本公共场所的卫生工作”。

增加一项，作为第(三)项“建立卫生管理制度，包括从业人员卫生培训、卫生设施设备维护、公共场所危害健康事故应急、卫生管理档案等内容”。

(四)删去第十四条第(二)项，将第(三)项修改为“有关负责人或者经营者的身份证明(委托他人代为办理的，应当同时提交委托书及受委托人身份证明)”，删去第(四)项，删去第(五)项中的“生产加工过程食品安全管理制度、出厂检验记录制度、不合格产品管理制度”“设施设备卫生管理制度、清洗消毒制度、加工操作规程、食品添加剂的管理制度”“集中用餐的非盈利性食堂可免予提供营业执照，但应当提供场所合法使用证明”。

(五)删去第十五条第(二)项，将第(三)项修改为“有关负责人或者经营者的身份证明(委托他人代为办理的，应当同时提交委托书及受委托人身份证明)”，删去第(四)项。

(六)删去第十六条第(二)项，将第(三)项修改为“有关负责人或者经营者的身份证明(委托他人代为办理的，应当同时提交委托书及受委托人身份证明)”，删去第(四)项。

(七)将第二十三条中的“对企业的卫生状况、设备设施以及质量安全控制能力等进行现场审查”修改为“对企业的卫生状况、设备设施、质量安全控制能力以及相关条件进行现场审查”。

(八)将第二十四条第二款修改为：“对食品生产经营单位的现场审查不计入行政许可时限，但最长不超过1个月，且应当告知申请人。”

(九)删去第二十八条中的“(现场审查和整改时间不计在内)”。

(十)删去第三十二条第(二)项。

八十、对《出入境邮轮检疫管理办法》(国家质量监督检验检疫总局令第185号公布，根据海关总署令第238号修改)作如下修改：

删去第八条第(二)项，删去第(三)项中的“以及其他相关资料”。

八十一、对《出入境尸体骸骨卫生检疫管理办法》(国家质量监督检验检疫总局令第189号公布，根据海关总署令第238号修改)作如下修改：

(一)将第八条第二款中的“托运人或者其代理人应当向出境口岸海关申报，申报时应当提交下列材料”修改为“托运人或者其代理人应当凭下列材料向出境口岸海关申报”，删去第(一)项。

(二)删去第十条第三款中的“或者工商营业执照”。

八十二、对《进口可用作原料的固体废物检验检疫监督管理办法》(国家质量监督检验检疫总局令第194号公布，根据海关总署令第238号修改)作如下修改：

（一）删去第十三条第一款中的“专家评审所需时间不计算在审查与决定期限内，但应当书面告知申请人”。

（二）删去第二十一条第（二）项至第（四）项。

（三）删去第二十三条第一款中的“专家评审所需时间不计算在审查与决定期限内，但应当书面告知申请人”。

（四）删去第三十一条第二款第（六）项。

（五）删去第三十八条中的“纸质或者电子”、第（一）项、第（二）项。

本决定自2018年7月1日起施行。

《中华人民共和国海关关于境外登山团体和个人进出境物品管理规定》《中华人民共和国海关对过境货物监管办法》《中华人民共和国海关关于境内公路承运海关监管货物的运输企业及其车辆、驾驶员的管理办法》《中华人民共和国海关关于转关货物监管办法》《中华人民共和国海关进出口货物申报管理规定》《中华人民共和国海关对进出境快件监管办法》《中华人民共和国海关对保税仓库及所存货物的管理规定》《中华人民共和国海关对用于装载海关监管货物的集装箱和集装箱式货车车厢的监管办法》《中华人民共和国海关关于来往香港、澳门小型船舶及所载货物、物品管理办法》《中华人民共和国海关对常驻机构进出境公用物品监管办法》《中华人民共和国海关对非居民长期旅客进出境自用物品监管办法》《中华人民共和国海关关于来往香港、澳门公路货运企业及其车辆和驾驶员的管理办法》《中华人民共和国海关进出口货物征税管理办法》《中华人民共和国海关出口加工区货物出区深加工结转管理办法》《中华人民共和国海关征收进口货物滞报金办法》《中华人民共和国海关对保税物流中心（A型）的暂行管理办法》《中华人民共和国海关对保税物流中心（B型）的暂行管理办法》《中华人民共和国海关对免税商店及免税品监管办法》《中华人民共和国海关对出口监管仓库及所存货物的管理办法》《中华人民共和国海关对保税物流园区的管理办法》《中华人民共和国海关行政许可听证办法》《中华人民共和国海关对上海钻石交易所监管办法》《中华人民共和国海关加工贸易单耗管理办法》《中华人民共和国海关珠澳跨境工业区珠海园区管理办法》《中华人民共和国海关进出境印刷品及音像制品监管办法》《中华人民共和国海关保税港区管理暂行办法》《中华人民共和国海关进出境运输工具舱单管理办法》《中华人民共和国海关保税核查办法》《中华人民共和国海关对外国驻中国使馆和使馆人员进出境物品监管办法》《中华人民共和国海关进出口货物减免税管理办法》《中华人民共和国海关关于〈中华人民共和国知识产权海关保护条例〉的实施办法》《中华人民共和国海关进出境运输工具监管办法》《中华人民共和国海关管道运输进口能源监管办法》《中华人民共和国海关进口货物直接退运管理办法》《中华人民共和国海关加工贸易货物监管办法》《中华人民共和国海关进出口货物报关单修改和撤销管理办法》《中华人民共和国海关报关单位注册登记管理规定》《中华人民共和国海关监管区管理暂行办法》《进口汽车检验管理办法》《供港澳活羊检验检疫管理办法》《供港澳活牛检验检疫管理办法》《进境植物繁殖材料检疫管理办法》《进境栽培介质检疫管理办法》《出入境检验检疫报检规定》《供港澳活禽检验检疫管理办法》《供港澳活猪检验检疫管理办法》《出入境快件检验检疫管理办法》《进口涂料检验监督管理办法》《进出口商品免验办法》《进境动植物检疫审批管理办法》《国际航行船舶出入境检验检疫管理办法》《中华人民共和国实施金伯利进程国际证书制度管理规定》《出境竹木草制品检疫管理办法》《进境动物遗传物质检疫管理办法》《沙头角边境特别管理区进出物品检验检疫管理规定》《出境货物木质包装检疫处理管理办法》《保税区检验检疫监督管理办法》《进出口商品复验办法》《国境口岸食品卫生监督管理规定》《出境水果检验检疫监督管理办法》《出境水生动物检验检疫监督管理办法》《进出口商品数量重量检验鉴定管理办法》《进出口玩具检验监督管理办法》《中华人民共和国非优惠原产地证书签证管理办法》《进出口饲料和饲料添加剂检验检疫监督管理办法》《供港澳蔬菜检验检疫监督管理办法》《进境动物隔离检疫场使用监督管理办法》《进出口化妆品检验检疫监督管理办法》《出入境人员携带物检疫管理办法》《进口棉花检验监督管理办法》《海南出入境游艇检疫管理办法》《进出境非食用动物产品检验检疫监督管理办法》《出入境特殊物品卫生检疫管理规定》《出入境检验检疫报检企业管理办法》《进出境中药材检疫监督管理办法》《进口旧机电产品检验监督管理办法》《进出境粮食检验检疫监督管理办法》《出入境检疫处理单位和人员管理办法》《国境口岸卫生许可管理办法》《出入境邮轮检疫管理办法》《出入境尸体骸骨卫生检疫管理办法》《进口可用作原料的固体废物检验检疫监督管理办法》,根据本决定作相应修改,重新公布。

附件:(略)

司法解释

最高人民法院关于印发《最高人民法院关于民商事案件繁简分流和调解速裁操作规程（试行）》的通知

（2017 年 5 月 8 日　法发〔2017〕14 号）

各省、自治区、直辖市高级人民法院，解放军军事法院，新疆维吾尔自治区高级人民法院生产建设兵团分院：

现将《最高人民法院关于民商事案件繁简分流和调解速裁操作规程（试行）》予以印发，请在人民法院内部认真贯彻执行。执行中发现情况和问题请及时报告最高人民法院。

最高人民法院关于民商事案件繁简分流和调解速裁操作规程（试行）

为贯彻落实最高人民法院《关于进一步推进案件繁简分流优化司法资源配置的若干意见》《关于人民法院进一步深化多元化纠纷解决机制改革的意见》，推动和规范人民法院民商事案件繁简分流、先行调解、速裁等工作，依法高效审理民商事案件，实现简案快审、繁案精审，切实减轻当事人诉累，根据《中华人民共和国民事诉讼法》及有关司法解释，结合人民法院审判工作实际，制定本规程。

第一条　民商事简易纠纷解决方式主要有先行调解、和解、速裁、简易程序、简易程序中的小额诉讼、督促程序等。

人民法院对当事人起诉的民商事纠纷，在依法登记立案后，应当告知双方当事人可供选择的简易纠纷解决方式，释明各项程序的特点。

先行调解包括人民法院调解和委托第三方调解。

第二条　人民法院应当指派专职或兼职程序分流员。

程序分流员负责以下工作：

（一）根据案件事实、法律适用、社会影响等因素，确定案件应当适用的程序；

（二）对系列性、群体性或者关联性案件等进行集中分流；

（三）对委托调解的案件进行跟踪、提示、指导、督促；

（四）做好不同案件程序之间转换衔接工作；

（五）其他与案件分流、程序转换相关的工作。

第三条　人民法院登记立案后，程序分流员认为适宜调解的，在征求当事人意见后，转入调解程序；认为应当适用简易程序、速裁的，转入相应程序，进行快速审理；认为应当适用特别程序、普通程序的，根据业务分工确定承办部门。

登记立案前，需要制作诉前保全裁定书、司法确认裁定书、和解备案的，由程序分流员记录后转办。

第四条　案件程序分流一般应当在登记立案当日完成，最长不超过三日。

第五条　程序分流后，尚未进入调解或审理程序时，承办部门和法官认为程序分流不当的，应当及时提出，不得自行将案件退回或移送。

程序分流员认为异议成立的，可以将案件收回并重新分配。

第六条　在调解或审理中，由于出现或发现新情况，承办部门和法官决定转换程序的，向程序分流员备案。已经转换过一次程序的案件，原则上不得再次转换。

第七条　案件适宜调解的，应当出具先行调解告知书，引导当事人先行调解，当事人明确拒绝的除外。

第八条　先行调解告知书包括以下内容：

（一）先行调解特点；

（二）自愿调解原则；

（三）先行调解人员；

（四）先行调解程序；

（五）先行调解法律效力；

（六）诉讼费减免规定；

（七）其他相关事宜。

第九条　下列适宜调解的纠纷，应当引导当事人委托调解：

（一）家事纠纷；

（二）相邻关系纠纷；

（三）劳动争议纠纷；
（四）交通事故赔偿纠纷；
（五）医疗纠纷；
（六）物业纠纷；
（七）消费者权益纠纷；
（八）小额债务纠纷；
（九）申请撤销劳动争议仲裁裁决纠纷。
其他适宜调解的纠纷，也可以引导当事人委托调解。

第十条 人民法院指派法官担任专职调解员，负责以下工作：
（一）主持调解；
（二）对调解达成协议的，制作调解书；
（三）对调解不成适宜速裁的，径行裁判。

第十一条 人民法院调解或者委托调解的，应当在十五日内完成。各方当事人同意的，可以适当延长，延长期限不超过十五日。调解期间不计入审理期限。

当事人选择委托调解的，人民法院应当在三日内移交相关材料。

第十二条 委托调解达成协议的，调解人员应当在三日内将调解协议提交人民法院，由法官审查后制作调解书或者准许撤诉裁定书。

不能达成协议的，应当书面说明调解情况。

第十三条 人民法院调解或者委托调解未能达成协议，需要转换程序的，调解人员应当在三日内将案件材料移送程序分流员，由程序分流员转入其他程序。

第十四条 经委托调解达成协议后撤诉，或者人民调解达成协议未经司法确认，当事人就调解协议的内容或者履行发生争议的，可以提起诉讼。

人民法院应当就当事人的诉讼请求进行审理，当事人的权利义务不受原调解协议的约束。

第十五条 第二审人民法院在征得当事人同意后，可以在立案后移送审理前由专职调解员或者合议庭进行调解，法律规定不予调解的情形除外。

二审审理前的调解应当在十日内完成。各方当事人同意的，可以适当延长，延长期限不超过十日。调解期间不计入审理期限。

第十六条 当事人同意先行调解的，暂缓预交诉讼费。委托调解达成协议的，诉讼费减半交纳。

第十七条 人民法院先行调解可以在诉讼服务中心、调解组织所在地或者双方当事人选定的其他场所开展。

先行调解可以通过在线调解、视频调解、电话调解等远程方式开展。

第十八条 人民法院建立诉调对接管理系统,对立案前第三方调解的纠纷进行统计分析,与审判管理系统信息共享。

诉调对接管理系统按照“诉前调”字号对第三方调解的纠纷逐案登记,采集当事人情况、案件类型、简要案情、调解组织或调解员、处理时间、处理结果等基本信息,形成纠纷调解信息档案。

第十九条 基层人民法院可以设立专门速裁组织,对适宜速裁的民商事案件进行裁判。

第二十条 基层人民法院对于离婚后财产纠纷、买卖合同纠纷、商品房预售合同纠纷、金融借款合同纠纷、民间借贷纠纷、银行卡纠纷、租赁合同纠纷等事实清楚、权利义务关系明确、争议不大的金钱给付纠纷,可以采用速裁方式审理。

但下列情形除外:

(一)新类型案件;

(二)重大疑难复杂案件;

(三)上级人民法院发回重审、指令立案受理、指定审理、指定管辖,或者其他人民法院移送管辖的案件;

(四)再审案件;

(五)其他不宜速裁的案件。

第二十一条 采用速裁方式审理民商事案件,一般只开庭一次,庭审直接围绕诉讼请求进行,不受法庭调查、法庭辩论等庭审程序限制,但应当告知当事人回避、上诉等基本诉讼权利,并听取当事人对案件事实的陈述意见。

第二十二条 采用速裁方式审理的民商事案件,可以使用令状式、要素式、表格式等简式裁判文书,应当当庭宣判并送达。

当庭即时履行的,经征得各方当事人同意,可以在法庭笔录中记录后不再出具裁判文书。

第二十三条 人民法院采用速裁方式审理民商事案件,一般应当在十日内审结,最长不超过十五日。

第二十四条 采用速裁方式审理案件出现下列情形之一的,应当及时将案件转为普通程序:

(一)原告增加诉讼请求致案情复杂;

(二)被告提出反诉;

(三)被告提出管辖权异议;

(四)追加当事人;

（五）当事人申请鉴定、评估；

（六）需要公告送达。

程序转换后，审限连续计算。

第二十五条 行政案件的繁简分流、先行调解和速裁，参照本规程执行。

本规程自发布之日起施行。

最高人民法院关于进一步加快推进电子卷宗随案同步生成和深度应用工作的通知

（2018年1月16日 法〔2018〕21号）

各省、自治区、直辖市高级人民法院，解放军军事法院，新疆维吾尔自治区高级人民法院生产建设兵团分院：

《关于全面推进人民法院电子卷宗随案同步生成和深度应用的指导意见》印发以来，全国法院积极贯彻落实，开展了各具特色的探索实践，取得显著成效。河北省高级人民法院、吉林省高级人民法院、江西省高级人民法院、浙江省台州市中级人民法院、广东省广州市中级人民法院、深圳市盐田区人民法院等已经全部或部分完成技术和管理准备工作，进入全面应用状态，但也有一些法院存在思想认识不到位、工作目标不明确、工作措施不得力等问题。有的法院混淆了电子卷宗和电子档案的关系，将电子卷宗随案同步生成简单地理解为结案后将纸质卷宗扫描为电子档案，丧失了电子卷宗随案同步生成应具备的为法官办案提供智力支持等基本功能；有的法院在电子卷宗随案同步生成中只简单解决了纸质材料扫描问题，未考虑上传到办案平台的电子卷宗便于法官调阅的功能需求；有的法院在推进电子卷宗随案同步生成的同时，没有积极部署应用基于电子卷宗的案件信息自动回填、归档文件一键排序，特别是法律文书辅助生成等功能模块，未能有效减少办案法官的事务性工作；有的法院在智慧法院建设上存在形式主义，脱离审判工作需要及规律，相应系统缺乏实际应用价值。这些问题不仅不能方便法官办案，减轻审判团队负担，反而容易加大法官及辅助人员工作量，加剧“案多人少”矛盾，制约了智慧法院建设的全面推进。

为进一步统一工作思路，加强顶层设计，明确工作要求，我们在总结各地建设经验的基础上，编制了《电子卷宗随案同步生成和深度应用技术要求》，从建设和应用角度提供指导；编制了《电子卷宗随案同步生成和深度应用管理要求》,从组织实施角度进行规范。还总结了电子卷宗集中生成模式和分散生成模式的地方实践经验,供全国法院借鉴并结合实际尽快制定适合本院及辖区法院的工作模式。

2018 年是智慧法院建设深化完善的开局之年,电子卷宗高效流转和应用是建设智慧法院的重要前提和基本主线。请各级人民法院加大工作力度,组织好辖区法院本项工作的开展和深化。2018 年 6 月底前,各高级人民法院应至少实现高级人民法院、一家中级人民法院及其所属一家基层人民法院文档电子化和电子卷宗随案同步生成的三级法院试点,形成可复制、推广和选择的基本模式:2018 年年底前,全国各级人民法院应全面完成本项工作。

现将有关文件印发给你们,请遵照执行。实施中遇到的问题和总结的经验,请及时报告我院。

附件:1. 电子卷宗随案同步生成和深度应用技术要求
2. 电子卷宗随案同步生成和深度应用管理要求
3. 电子卷宗分散生成模式——河北法院电子卷宗随案同步生成
4. 电子卷宗集中生成模式——江西法院“收转发 E 中心”

附件 1

电子卷宗随案同步生成和深度应用技术要求

为从技术角度规范电子卷宗随案同步生成和深度应用工作，破解电子卷宗生成不规范、应用不充分等难题，保障工作持续推进，结合人民法院工作实际，提出以下技术要求。

1. 丰富电子卷宗内容。电子卷宗应分为正卷、副卷（不含涉密部分）及相关单位提供的分卷。具体包含人民法院在案件受理时接收或办理过程中形成的电子文件，以及将纸质案卷材料依托数字影像、文字识别等技术制作而成的电子文件。案件纸质卷宗要按照《人民法院电子诉讼档案管理暂行办法》（法〔2013〕283 号）的质量及格式要求制作电子文件。

2. 编制电子卷宗目录。各地法院可根据法官阅卷习惯制定电子卷宗阅卷目录规则，根据电子档案要求制定归档目录规则。电子卷宗管理模块或系统应当能够利用图像识别、机器学习等技术，根据阅卷目录规则和归档目录规则，实现电子卷宗自动排版、归类和归档。

3. 数据化电子文件。要通过文字和语义识别技术，将扫描图片等电子文件数据化、结构化，转化为可选择、可复制的电子数据，自动提取结构化案件信息，并提供信息导出服务，支持法官复用卷宗文字，辅助生成法律文书。

4. 回填案件基本信息。能够在立案和审理过程生成的电子文件中，提取案件基本信息，并能够对多个文件中同一信息项进行校验核对，将确认结果回填到办案系统，减少人工输入和校对工作量。

5. 实现全程网上阅卷。支持电子卷宗流转、合议庭成员网上阅卷和在线合议、审委会讨论等应用。优化电子卷宗的浏览、操作体验，实现电子卷宗的文字可随意复制、大小可按需缩放、目录可点击到相对应内容、内容可全文检索、卷宗可灵活标记等功能。

6. 支持电子卷宗公开。能够依托诉讼服务平台或司法公开平台，通过与电子卷宗管理模块或系统的网间数据安全交换，为当事人、律师提供随案同步生成电子卷宗（正卷）的在线申请、在线浏览、在线借阅等服务，或全面公开可公开的电子卷宗。

7. 辅助生成法律文书。能够智能分析并提取案件电子卷宗信息，根据选择的文书模板智能辅助生成法律文书。同时，采用宽屏或双屏显示器实现“左看右写”模式，支持法官阅卷，提高法律文书编写效率。

8. 推送法律法规类案。能够从电子卷宗中自动提取案情要素，自动推送相关法律法规，精准到具体条款。自动推送与案情或争议焦点相匹配的类似案例。

9. 助力内部审判管理。支持审判管理部门全面掌握案件材料及办理情况，并根据电子卷宗进行网上监督和案件质量评查。也可针对电子卷宗质量、流转规范性等方面进行评查。

10. 实现卷宗自动归档。结案后，根据归档目录规则，通过信息技术手段进行检测和比对，自动生成电子档案卷皮和目录，将电子卷宗转化为电子档案。除电子页码外，其他内容与纸质卷宗（如有）保持一致。

11. 实现法院间卷宗调阅。办案系统应支持或通过大数据管理和服务平台实现电子卷宗集中，实现案件上诉、移送、再审电子卷宗调阅，实现跨域立案电子卷宗转交。原审法院收到调卷要求后，应在 3 个工作日内完成电子卷宗报送工作，纸质卷宗调取仍按相关规定执行。电子卷宗加盖法院电子签章后，具有与卷宗原件同等效力。

12. 支持部门间业务协同。能够接收外单位电子文件，并纳入电子卷宗分卷管理。支持将电子卷宗提供给相关单位共享，促进与相关部门特别是政法部门之间的案件实体信息网上交换、共享和业务协同。

附件 2

电子卷宗随案同步生成和深度应用管理要求

为从管理角度规范电子卷宗随案同步生成和深度应用工作，破解电子卷宗生成不及时、机制不顺畅等难题，保障工作持续推进，结合人民法院工作实际，提出以下管理要求。

1. 加强组织领导。主要领导要亲自抓，要明确牵头部门，负责工作的整体推进和管理。要明确电子卷宗生成、深度应用、质量评查、卷宗归档、技术支持、设备采购和经费保障等工作责任部门。各部门要通力配合，共同推进电子卷宗随案同步生成和深度应用工作。

2. 优化工作模式。电子卷宗随案同步生成不应额外增加法官团队工作负担。各级人民法院应根据本院案件数量等因素，优化工作模式，优化工作机制，确保电子卷宗随案生成、随案流转。可以采用服务外包集中生成模式，也可以采用各业务部门分散生成模式，还可以采用集中和分散相结合的模式。

3. 确保及时生成。在立案和审理过程中，诉讼参与人提供或信息系统产生的纸质和电子材料，一般应当在 3 个工作日内通过诉讼服务平台上传、扫描设备输入、业务系统流转等方式，收集到办案系统中。

4. 严抓移送环节。在办部门要保证当前环节电子卷宗和纸质卷宗（如有）

一致。同时,下一环节的承办部门在接收纸质卷宗时,要核对电子卷宗的完整性。要通过管理和技术手段对电子卷宗、纸质卷宗流转全程留痕。

5. 推动深度应用。电子卷宗生成的目的在于服务深度应用。各级人民法院要充分利用卷宗开展信息回填、网上阅卷、信息公开、文书生成、类案推送、审判管理、卷宗归档、卷宗调阅、业务协同等应用,推动机制创新和审判流程再造,提升电子卷宗服务审判工作的能力。

6. 健全规章制度。各高级人民法院要根据本管理要求和辖区法院实际情况制定实施细则,建立健全电子卷宗随案同步生成和深度应用工作管理规定、时间表和路线图,严格监督指导辖区法院各项工作的落实。

7. 做好技术支持。各高级人民法院要在保证安全的前提下,为辖区法院开放办案系统等统一应用系统接口,鼓励辖区法院先行先试电子卷宗随案生成和深度应用工作。各级人民法院要做好应用系统和数据的融合工作。

8. 落实经费保障。各级人民法院应充分保障应用系统升级改造、电子卷宗生成设备配备、电子卷宗深度应用功能开发及购买专业化服务所需资金。要通过升级配备双屏或宽屏显示器等设备,改善干警网上办案条件,为电子卷宗深度应用提供硬件支持。

9. 抓好评估考核。各高级人民法院应结合辖区法院工作实际,开展系统功能建设和应用成效两方面的评估考核。最高人民法院将利用人民法院大数据管理和服务平台汇聚的数据,定期组织本项工作的落实情况评估,建立工作监督和信息反馈机制。

附件 3

电子卷宗分散生成模式

——河北法院电子卷宗随案同步

河北法院电子卷宗随案同步生成工作模式:案件办理团队在各自工作岗位即时扫描,智能化后台集中分类排序处理,电子卷宗一键转化归档。

一、工作模式

按照档案管理等相关规定制定统一的卷宗目录规范,同时对各类案件办理过程进行节点划分,明确制作电子卷宗的时间节点要求。

(一)分散扫描。由案件办理各个环节的司法辅助人员进行随案同步扫描,以确保法院业务系统上电子卷宗的时效性和有效性。通过卷宗扫描制作系统与案件管理系统的深度对接,简化操作步骤,扫描制作电子卷宗仅需在制作界面输入案件流水号，点击选择需要扫描上传的案号，即可完成需手动操作部分的工作。

（二）集中处理。上传的卷宗图像材料会进入全省统一部署的智能化集中处理系统的处理流程，系统将自动完成各种案件的各个阶段上传电子卷宗的分类、排序、纠偏、剔除空白、图像整洁等处理。随后将处理完成的电子卷宗材料自动回传到案件管理系统里的对应目录。

（三）一键归档。在系统对卷宗文件进行优化处理并根据规定目录进行分类排序后，可根据实际需求，采用人随系统或系统随人两种电子卷宗归档模式，实现一键归档。

二、工作流程

案件办理的各环节人员各司其职，负责本阶段电子卷宗同步制作工作。案件主办人负责监督、管理，指导开展电子卷宗的相关工作。审判管理部门负责质量监管，并将工作情况纳入考核，监督激励电子卷宗工作的开展。档案部门、信息技术部门、行政部门等分别负责归档、技术研发和后勤支持。

以下摘自《河北省高级人民法院电子卷宗随案同步自动生成及深度利用的管理规定》。

（一）诉讼案件立案阶段应在立案的同时扫描下列材料。一审案件为立案流程信息表、立案审批表、预交诉讼费通知书、变更主办人审批表、起诉状、受理案件通知书、诉讼风险告知书、送达地址确认书、证据收据、当事人提交的证据及原告身份证明、授权委托书。刑事案件包括起诉书、证据或证据目录。二审案件包括立案流程信息表、上诉移送函、一审判决书、上诉状、答辩状、当事人随卷提交的新证据、信访风险评估表等。审查一审电子卷宗是否完整。本阶段收取和产生的其他未列举的入卷材料。

（二）诉讼案件开庭结束后应当在2个工作日内完成下列材料扫描。应诉通知书、举证通知书、被告身份证明和授权委托书、送达地址确认书、被告权利义务告知书、证据收据及原被告举证证据（行政案件应包括行政机关卷宗）、合议庭组成人员通知书、开庭传票、开庭公告、庭前会议、庭前准备工作笔录，阅卷笔录、庭审焦点、庭审提纲、开庭预案、开庭笔录。本阶段收取和产生的其他未列举的入卷材料。

（三）诉讼案件宣判阶段应当在结案前完成下列材料扫描。审理报告、合议庭笔录、审委会笔录、裁判文书底稿、裁判文书正本、宣判笔录、送达回证（二审案件送达回证可延长至归档前）、信访风险评估表。

（四）执行案件立案阶段应当在立案后2个工作日内完成下列材料扫描。立案流程信息表、立案审批表、强制执行申请书、执行依据及生效证明、执行案件受理通知书、申请人身份证明、送达地址确认书、执行风险告知书、提供财产线索通知书。本阶段收取和产生的其他未列举的入卷材料。

(五)执行案件财产控制阶段应当在完成调查和控制后2个工作日内完成下列材料扫描。执行通知书、报告财产令、报告财产线索通知书、被申请人身份证明、送达地址确认书、被执行人权利义务告知书、限高令、限制出境通知书、征信系统录入通知书、执行笔录、执行工作日志、查询冻结扣划裁定书、回执、协助执行通知书。本阶段收取和产生的其他未列举的入卷材料。

(六)执行案件财产交付阶段应当在财产交付后2个工作日内完成下列材料扫描。委托评估材料、拍卖材料、变现材料、执行款收支审批及收支款凭证、结案报告、结案审批表、合议庭笔录、结案文书、送达回证、执行风险评估表。本阶段收取和产生的其他未列举的入卷材料。

(七)案件审理过程中产生需签字盖章卷宗需及时扫描。开庭笔录应当由审判人员、当事人及诉讼参与人签字确认后,及时扫描挂入电子卷宗保存。公诉词、代理词、辩护词在收到之日及时扫描挂入电子卷宗保存。合议庭、审委会笔录在数字法院、数字审委会系统签名的直接挂入电子卷宗。审理报告、裁判文书底稿应当通过网上审批,全程留痕,自动挂入电子卷宗。截判文书正本及送达回证由审理部门人员及时扫描挂入。

以上各阶段由系统自动生成并回传到审判管理系统的文书可暂不扫描,待结案编页后一并扫描挂入电子卷宗保存。

三、河北模式特点

(一)即时。极大简化了人工录入的操作步骤,将扫描制作电子卷宗的工作量化整为零,使电子卷宗的扫描制作结合到办案团队的日常工作中,实现“随手扫描”。省去了案卷易手的中间环节,是真正意义上实现电子卷宗随案同步生成的最佳方式。

(二)规范。智能化系统按照统一尺度集中进行图像采集和处理,确保卷宗图象文件符合电子卷宗和电子档案收录标准。针对性解决了在不同扫描阶段、扫描单位掌握的扫描尺度不统一带来的各种问题,使电子卷宗能实现直接转为电子档案的需求。

(三)经济。河北模式无须额外设置专门机构、专门场所、专门人员,只需集中部署一套电子卷宗智能化后台。只需利用现有的电脑、桌面高速扫描仪等前端设备即可便捷地使用系统。打破了电子卷宗和电子档案以往根据扫描页数为计费依据的固有方式,经费节约可观。

附件 4

电子卷宗集中生成模式

——江西法院“收转发 E 中心”

江西法院诉讼材料“收转发 E 中心”,采用诉讼材料集中管理模式,借助信息化支撑手段,在各级人民法院诉讼服务大厅设立“收转发 E 中心”,实现诉讼材料“收、转、发”事务的全流程集约化、智能化管理,确保电子卷宗的随案同步生成,形成以“收转发 E 中心”为基础,以诉讼材料深度利用为核心的智能化体系架构。

一、工作模式

“收”的集约化和智能化。主要体现在利用“收转发 E 中心”,规范法院诉讼材料递交统一入口,实现全省法院诉讼服务事务办理统一流程,对当事人递交材料统一登记管理、前置集中扫描、智能识别回填,快速完成相关立案流程和材料接收工作。

“转”的集约化和智能化。主要体现在对当事人递交的纸质材料通过智能材料收转柜,实现纸质材料递送、跟踪、签收等全程留痕、智能化流转,完成当事人与业务庭室,立案庭室与承办庭室,各部门之间的材料流转。

“发”的集约化和智能化。主要体现在利用“收转发 E 中心”的送达服务平台构建了审送分离的业务模式,案件送达文书网上推送至“收转发 E 中心”进行集中送达,优先电子送达,为当事人提供网络平台、微信公众号、手机短信、电子邮箱等多种签收方式,并辅之以人性化的电话语音提醒,电子送达不成功则按照优先级转换送达方式,整个送达过程全程留痕,自动生成送达日志和送达报告,返回审判系统并同步公开给当事人,进一步深化了司法公开内容。

二、工作流程

各级人民法院在诉讼服务中心设立“诉讼材料收转发 E 中心”(以下简称“E 中心”),借助“江西法院收转发 E 中心”平台,统一办理诉讼材料集中接收、扫描、转递及法律文书送达等工作,实现诉讼材料收转发工作的集约化、智能化和一体化。“E 中心”旨在通过剥离法官事务性工作,实现电子卷宗随案同步生成;强化智能化运用辅助办案,提升办案质效;通过智能、集约、全程留痕的收转发一体工作,强化规范管理,节约司法资源;通过网上立案、跨域立案、网上公告送达等功能的拓展延伸,方便群众诉讼。

以下摘自《江西法院关于诉讼材料收转发工作的若干规定(试行)》。

(一)诉讼材料接收

1. 诉前材料的接收。诉讼参与人或检察院提交的各类案件起诉状、再审申请书、申请执行书、异议书、二审上诉状、答辩状、抗诉书、证据、以及其他材料一律交"E 中心"平台统一接收并扫描。扫描完成后生成印有案件信息二维码的材料收转单,转交立案庭法官审核。立案法官通过材料清单中的二维码获取立案材料电子卷宗,系统自动完成立案申请材料的 OCR 文字识别、转换、立案信息回填以及电子卷宗挂接等工作,立案法官核对无误后依法进行登记立案。

诉讼参与人可以通过江西法院审判综合服务平台自助进行网上立案,立案法官在办案系统"网上立案"模块审查当事人信息以及立案材料,符合登记立案条件的在系统内完成立案,并同时将材料转"E 中心"制作电子卷宗并送达案件受理通知书及缴费通知单等材料。

诉讼参与人可以通过全省任何一家法院进行跨域立案申请并提交材料,诉讼材料由接收法院"E 中心"扫描制作电子材料,系统自动挂接至受理法院,纸质材料由接收法院转交至受理法院,受理法院应参照本地立案流程完成跨域立案,并通过"E 中心"进行相关司法送达。

2. 诉中材料的接收。案件审理过程中诉讼参与人提供的各种诉讼材料,统一由"E 中心"接收并扫描,扫描完成后,按顺序挂接至案件电子卷宗项下。承办法官不再直接接收诉讼参与人提交的任何材料,诉讼参与人当庭提交或通过其他方式向承办法官提交的,承办法官应引导其直接向"E 中心"平台再提交一份。

(二)诉讼材料扫描

1. 材料扫描分工。诉讼参与人诉前、诉中提交的各种诉讼材料均由"E 中心"平台扫描录入电子卷宗。

2. 扫描时限。所有诉讼材料,"E 中心"平台在收到后应在 24 小时内完成扫描。

3. 文字识别。"E 中心"平台在完成诉讼材料扫描的同时,自动对扫描件进行 OCR 文字识别,将影像文字转换为可复制、粘贴的文字,方便法官在制作法律文书时使用。

4. 材料挂接。经集中扫描的诉讼材料扫描件应全部挂接至办案系统。主审法官对挂接材料作必要审核,发现材料挂接的类别、顺序有误的,应及时拖移调整;发现材料扫描错误、不全或缺失的,应在收到纸质材料后 2 个工作日内向"E 中心"提出处理。

5. 材料调整移除。在案件办结前,按照"电子卷与纸质卷一致"的原则,在系统留痕的前提下，承办法官、书记员可以对扫描材料作适当调整或移除。

（三）诉讼材料转交

1. 扫描完成的材料转交。"E 中心"接收的所有纸质诉讼材料，在收到后立即登记、扫描，及时转交。未正式立案的案件材料，待分案后当天通过智能材料收转柜转交承办法官；已经有案号的案件材料，于完成扫描后立即通过智能材料收转柜转交承办法官。

2. 委托扫描的材料转交。案件审理中的各种需要委托扫描的材料，承办法官至迟在结案前将纸质材料通过智能材料收转柜转交"E 中心"平台取件扫描。

3. 材料扫描转交的期限。"E 中心"收到的各种诉讼材料、各种笔录、审理报告、法律文书等，应在 24 小时内扫描完毕存入智能材料收转柜，通知承办法官领取。承办法官应在收到"E 中心"取件通知后 2 个工作日内领取智能材料收转柜内的材料。

4. 材料与卷宗的审核。承办法官应对材料清单与所收材料进行核对，发现材料与清单不符的，应及时与"E 中心"进行核实。承办法官应对扫描导入电子卷宗的材料进行审核，发现材料导入挂接的项目、顺序等有误的，应及时调整；发现材料扫描错误、不全或缺失的，应及时与"E 中心"进行核实更正。

（四）监管管理

归档时的检查。档案室对归档前纸质卷宗（法院正卷、副卷）与诉讼材料集中扫描后形成的电子卷宗的一致性进行检查，经检查合格后，方可办理归档手续。

经检查比对发现电子卷诉讼材料缺失或与纸质卷材料有其他不一致的，应予退回并一次性告知提交归档的书记员需补充扫描及调整完善的全部材料，确保二者的一致性。

检查情况应逐案登记，留档备查。

最高人民法院办公厅关于第二届全国法院环境资源优秀裁判文书评选活动情况的通报

（2018 年 5 月 27 日　法办〔2018〕98 号）

各省、自治区、直辖市高级人民法院，解放军军事法院，新疆维吾尔自治区高级人民法院生产建设兵团分院：

根据《最高人民法院关于在全国法院开展优秀业务成果评选活动暂行办法》（法办发〔2011〕9 号）要求，最高人民法院于 2017 年 11 月组织开展了第二届全国法院环境资源优秀裁判文书评选活动。全国共有 28 个高级人民法院选送了裁判文书参加评选。经最高人民法院组织评审委员会进行评选，共有 106 篇裁判文书在评选活动中脱颖而出，获得不同等次的奖项，其中刑事类文书 25 篇、民事类文书 53 篇、行政类文书 28 篇。

裁判文书是人民法院审判执行工作的重要载体，是衡量法院审判工作质量和司法能力的重要标尺，直接关系司法权威的树立和司法公信力的提升。此次获奖的裁判文书较为充分地体现了环境资源审判的专业性特点，在文书格式及构成要素、叙述事实及论述说理、引用法律及裁判主文、语言文字及标点符号、示范意义等方面具有较强的引领作用，凝聚了全国法院环境资源审判法官的智慧，是全国法院环境资源审判工作的重要成果。希望受表彰的单位不满足于现有成绩，再接再厉，继续前进。希望全国各级人民法院环境资源审判庭及从事环境资源审判工作的法官以此次优秀环境资源裁判文书评选为契机，深入学习贯彻习近平生态文明思想，准确把握服务保障新时代生态环境保护的目标任务，紧紧围绕“努力让人民群众在每一个司法案件中感受到公平正义”的工作目标，切实贯彻宪法法律的要求，充分发挥环境资源审判职能作用，依法公正审理环境资源刑事、民事、行政纠纷案件，将最严格的源头保护、损害赔偿和责任追究制度落到实处，不断提高司法能力水平，培养一支政治强、本领高、作风硬、敢担当的专业化环境资源审判队伍，为全面加强新时代生态环境保护提供有力司法保障！

第二届全国法院环境资源优秀裁判文书评选结果

一、刑事裁判文书

特等奖(1篇)

1. 贵州省遵义市播州区人民法院(2017)黔0321刑初120号刑事判决书

一等奖(3篇)

1. 上海市闵行区人民法院(2016)沪0112刑初2598号刑事判决书
2. 江苏省扬州市中级人民法院(2016)苏10刑终185号刑事裁定书
3. 湖南省安化县人民法院(2016)湘0923刑初280号刑事判决书

二等奖(4篇)

1. 西藏自治区阿里地区中级人民法院(2016)藏25刑终4号刑事判决书
2. 四川省宜宾市南溪区人民法院(2016)川1503刑初14号刑事附带民事判决书
3. 湖南省韶山市人民法院(2016)湘0382刑初62号刑事判决书
4. 天津市滨海新区人民法院(2017)津0116刑初40025号刑事判决书

三等奖(7篇)

1. 陕西省宝鸡市中级人民法院(2016)陕03刑终89号刑事判决书
2. 重庆市渝北区人民法院(2016)渝0112刑初1615号刑事判决书
3. 山西省临汾市中级人民法院(2017)晋10刑终24号刑事裁定书
4. 陕西省汉中市中级人民法院(2017)陕07刑终47号刑事裁定书
5. 广东省汕头市中级人民法院(2017)粤05刑终123号刑事裁定书
6. 河南省襄城县人民法院(2017)豫1025刑初220号刑事判决书
7. 浙江省绍兴市中级人民法院(2017)浙06刑终162号刑事判决书。

优秀奖(10篇)

1. 海南省第一中级人民法院(2017)琼96刑终88号刑事判决书
2. 湖南省汨罗市人民法院(2017)湘0681刑初10号刑事判决书
3. 安徽省马鞍山市博望区人民法院(2017)皖0506刑初25号刑事判决书
4. 贵州省贵阳市中级人民法院(2016)黔01刑终590号刑事判决书
5. 湖南省茶陵县人民法院(2016)湘0224刑初273号刑事判决书
6. 浙江省温州市中级人民法院(2016)浙03刑终1544号刑事裁定书
7. 黑龙江省九三农垦法院(2016)黑8104刑初47号刑事判决书

8. 江苏省宿迁市宿城区人民法院(2016)苏1302刑初828号刑事判决书

9. 宁夏回族自治区银川市中级人民法院(2016)宁01刑终235号刑事裁定书

10. 广西壮族自治区柳州市鱼峰区人民法院(2016)桂0203刑初35号刑事判决书

二、民事裁判文书

特等奖(3篇)

1. 江苏省高级人民法院(2016)苏民终1357号民事判决书

2. 重庆市第二中级人民法院(2016)渝02民终772号民事判决书

3. 最高人民法院(2015)民提字第205号民事判决书

一等奖(7篇)

1. 贵州省清镇市人民法院(2016)黔0181民初1095号民事判决书

2. 河南省高级人民法院(2017)豫民终232号民事判决书

3. 重庆市第一中级人民法院(2016)渝01民终8972号民事判决书

4. 山东省烟台市中级人民法院(2017)鲁06民初8号民事判决书

5. 四川省高级人民法院(2016)川民终字第897号民事判决书

6. 湖北省宜昌市中级人民法院(2017)鄂05民终726号民事判决书

7. 最高人民法院(2016)最高法民终590号民事判决书

二等奖(9篇)

1. 西藏自治区高级人民法院(2016)藏民终14号民事判决书

2. 广东省广州市中级人民法院(2016)粤01民终12096号民事判决书

3. 广西壮族自治区南宁市中级人民法院(2015)南市民再终字第10号民事判决书

4. 福建省漳州市中级人民法院(2017)闽06民终403号民事判决书

5. 安徽省马鞍山市中级人民法院(2016)皖05民初113号民事判决书

6. 北京市大兴区人民法院(2015)大民初字第719号民事判决书

7. 重庆市江津区人民法院(2015)津法环民初字第00014号民事判决书

8. 贵州省清镇市人民法院(2017)黔0181民初110号民事判决书

9. 最高人民法院(2017)最高法民终971号民事判决书

三等奖(14篇)

1. 江苏省高级人民法院(2016)苏民终293号民事判决书

2. 湖北省高级人民法院(2017)鄂民再210号民事判决书

3. 新疆维吾尔自治区高级人民法院(2017)新民终220号民事判决书

4. 贵州省高级人民法院(2016)黔民初85号民事判决书

5. 广东省清远市中级人民法院（2016）粤18民终946号民事判决书

6. 重庆市第四中级人民法院（2016）渝04民终587号民事判决书

7. 湖北省汉江中级人民法院（2016）鄂96民初18号民事判决书

8. 辽宁省沈阳市中级人民法院（2016）辽01民终5575号民事判决书

9. 福建省龙岩市中级人民法院（2016）闽08民终962号民事判决书

10. 吉林省吉林市中级人民法院（2017）吉02民初32号民事判决书

11. 北海海事法院（2015）海商初字第49号民事判决书

12. 湖南省岳阳市云溪区人民法院（2016）湘0603民初301号民事判决书

13. 安徽省繁昌县人民法院（2016）皖0222民初2563号民事判决书

14. 陕西省汉中市中级人民法院（2017）陕07民终218号民事判决书

优秀奖（20篇）

1. 河北省高级人民法院（2017）冀民终679号民事判决书

2. 河南省高级人民法院（2016）豫民终718号民事判决书

3. 山东省青岛市中级人民法院（2016）鲁02民终6706号民事判决书

4. 新疆维吾尔自治区乌鲁木齐市中级人民法院（2016）新01民终2875号民事判决书

5. 江西省宜春市中级人民法院（2016）赣09民终1018号民事判决书

6. 青海省海东市中级人民法院（2016）青02民终357号民事判决书

7. 湖南省郴州市中级人民法院（2017）湘10民终872号民事判决书

8. 重庆市第一中级人民法院（2017）渝01民终2062号民事判决书

9. 福建省龙岩市中级人民法院（2016）闽08民终733号民事判决书

10. 黑龙江省林区中级人民法院（2017）黑75民终5号民事判决书

11. 广西壮族自治区玉林市中级人民法院（2016）桂09民终1116号民事判决书

12. 河南省南阳市中级人民法院（2017）豫13民终2415号民事判决书

13. 四川省德阳市中级人民法院（2016）川06民终688号民事判决书

14. 江苏省无锡市中级人民法院（2017）苏02民初68号民事裁定书

15. 陕西省汉中市中级人民法院（2016）陕07民终1102号民事判决书

16. 浙江省绍兴市中级人民法院（2016）浙06民初478号民事判决书

17. 山西省临汾市中级人民法院（2017）晋10民终549号民事判决书

18. 宁夏回族自治区银川市中级人民法院（2016）宁01民终758号民事判决书

19. 贵州省清镇市人民法院（2017）黔0181民初139号民事判决书

20. 上海市崇明县人民法院（2016）沪0230民初5670号民事判决书

三、行政裁判文书

特等奖(2 篇)

1. 湖北省宜昌市西陵区人民法院(2017)鄂 0502 行初 1 号行政判决书

2. 最高人民法院(2016)最高法行申 386 号行政裁定书

一等奖(4 篇)

1. 江苏省南通市中级人民法院(2017)苏 06 行终 281 号行政判决书

2. 浙江省绍兴市越城区人民法院(2016)浙 0602 行初 202 号行政判决书

3. 北海海事法院(2016)桂 72 行初 24 号行政判决书

4. 最高人民法院(2016)最高法行申 2573 号行政裁定书

二等奖(5 篇)

1. 河北省隆化县人民法院(2016)冀 0825 行初 22 号行政判决书

2. 广东省高级人民法院(2016)粤行终 1351 号行政判决书

3. 江苏省高级人民法院(2017)苏行终 294 号行政判决书

4. 重庆市第一中级人民法院(2017)渝 01 行终 231 号行政判决书

5. 最高人民法院(2017)最高法行申 4361 号行政裁定书

三等奖(7 篇)

1. 贵州省高级人民法院(2017)黔行终 6 号行政判决书

2. 海南省第一中级人民法院(2017)琼 96 行终 25 号行政判决书

3. 上海市金山区人民法院(2017)沪 0116 行初 3 号行政判决书

4. 贵州省遵义市播州区人民法院(2016)黔 0321 行初 155 号行政判决书

5. 浙江省杭州市西湖区人民法院(2015)杭西行初字第 291 号行政判决书

6. 北京市通州区人民法院(2016)京 0112 行初 101 号行政判决书

7. 陕西省宝鸡市陈仓区人民法院(2016)陕 0304 行初 18 号行政判决书

优秀奖(10 篇)

1. 湖北省武汉市江夏区人民法院(2017)鄂 0115 行初 2 号行政判决书

2. 江苏省苏州市姑苏区人民法院(2016)苏 0508 行初 281 号行政判决书

3. 北海海事法院(2016)桂 72 行初 5 号行政判决书

4. 广西壮族自治区南宁市中级人民法院(2017)桂 01 行终 94 号行政判决书

5. 山东省日照市中级人民法院(2016)鲁 11 行终 89 号行政判决书

6. 云南省梁河县人民法院(2017)云 3122 行初 2 号行政判决书

7. 浙江省绍兴市中级人民法院(2017)浙 06 行终 38 号行政判决书

8. 上海市崇明县人民法院(2016)沪 0230 行初 45 号行政判决书

9. 重庆市第五中级人民法院(2017)渝 05 行终 83 号行政判决书

10. 四川省泸州市纳溪区人民法院(2016)川 0503 行初 5 号行政判决书

最高人民法院关于人民法院立案、审判与执行工作协调运行的意见

（2018年5月28日　法发〔2018〕9号）

为了进一步明确人民法院内部分工协作的工作职责，促进立案、审判与执行工作的顺利衔接和高效运行，保障当事人及时实现合法权益，根据《中华人民共和国民事诉讼法》《中华人民共和国刑事诉讼法》《中华人民共和国行政诉讼法》等有关法律规定，制定本意见。

一、立案工作

1. 立案部门在收取起诉材料时，应当发放诉讼风险提示书，告知当事人诉讼风险，就申请财产保全作必要的说明，告知当事人申请财产保全的具体流程、担保方式及风险承担等信息，引导当事人及时向人民法院申请保全。

立案部门在收取申请执行材料时，应发放执行风险提示书，告知申请执行人向人民法院提供财产线索的义务，以及无财产可供执行导致执行不能的风险。

2. 立案部门在立案时与执行机构共享信息，做好以下信息的采集工作：

（1）立案时间；

（2）当事人姓名、性别、民族、出生日期、身份证件号码；

（3）当事人名称、法定代表人或者主要负责人、统一社会信用代码或者组织机构代码；

（4）送达地址；

（5）保全信息；

（6）当事人电话及其他联系方式；

（7）其他应当采集的信息。

立案部门在立案时应充分采集原告或者申请执行人的前款信息，提示原告或者申请执行人尽可能提供被告或者被执行人的前款信息。

3. 在执行案件立案时，有字号的个体工商户为被执行人的，立案部门应当将生效法律文书注明的该字号个体工商户经营者一并列为被执行人。

4. 立案部门在对刑事裁判涉财产部分移送执行立案审查时，重点审查《移送执行表》载明的以下内容：

（1）被执行人、被害人的基本信息；

（2）已查明的财产状况或者财产线索；

（3）随案移送的财产和已经处置财产的情况；

（4）查封、扣押、冻结财产的情况；

（5）移送执行的时间；

（6）其他需要说明的情况。

《移送执行表》信息存在缺漏的，应要求刑事审判部门及时补充完整。

5. 立案部门在受理申请撤销仲裁裁决、执行异议之诉、变更追加执行当事人异议之诉、参与分配异议之诉、履行执行和解协议之诉等涉及执行的案件后，应提示当事人及时向执行法院或者本院执行机构告知有关情况。

6. 人民法院在判决生效后退还当事人预交但不应负担的诉讼费用时，不得以立执行案件的方式退还。

二、审判工作

7. 审判部门在审理案件时，应当核实立案部门在立案时采集的有关信息。信息发生变化或者记录不准确的，应当及时予以更正、补充。

8. 审判部门在审理确权诉讼时，应当查询所要确权的财产权属状况。需要确权的财产已经被人民法院查封、扣押、冻结的，应当裁定驳回起诉，并告知当事人可以依照民事诉讼法第二百二十七条的规定主张权利。

9. 审判部门在审理涉及交付特定物、恢复原状、排除妨碍等案件时，应当查明标的物的状态。特定标的物已经灭失或者不宜恢复原状、排除妨碍的，应告知当事人可申请变更诉讼请求。

10. 审判部门在审理再审裁定撤销原判决、裁定发回重审的案件时，应当注意审查诉讼标的物是否存在灭失或者发生变化致使原诉讼请求无法实现的情形。存在该情形的，应告知当事人可申请变更诉讼请求。

11. 法律文书主文应当明确具体：

（1）给付金钱的，应当明确数额。需要计算利息、违约金数额的，应当有明确的计算基数、标准、起止时间等；

（2）交付特定标的物的，应当明确特定物的名称、数量、具体特征等特定信息，以及交付时间、方式等；

（3）确定继承的，应当明确遗产的名称、数量、数额等；

（4）离婚案件分割财产的，应当明确财产名称、数量、数额等；

（5）继续履行合同的，应当明确当事人继续履行合同的内容、方式等；

（6）排除妨碍、恢复原状的，应当明确排除妨碍、恢复原状的标准、时间等；

（7）停止侵害的，应当明确停止侵害行为的具体方式，以及被侵害权利的具体内容或者范围等；

(8)确定子女探视权的,应当明确探视的方式、具体时间和地点,以及交接办法等;

(9)当事人之间互负给付义务的,应当明确履行顺序。

对前款规定中财产数量较多的,可以在法律文书后另附清单。

12.审判部门在民事调解中,应当审查双方意思的真实性、合法性,注重调解书的可执行性。能即时履行的,应要求当事人即时履行完毕。

13.刑事裁判涉财产部分的裁判内容,应当明确、具体。涉案财物或者被害人人数较多,不宜在判决主文中详细列明的,可以概括叙明并另附清单。判处没收部分财产的,应当明确没收的具体财物或者金额。判处追缴或者责令退赔的,应当明确追缴或者退赔的金额或财物的名称、数量等有关情况。

三、执行工作

14.执行标的物为特定物的,应当执行原物。原物已经毁损或者灭失的,经双方当事人同意,可以折价赔偿。双方对折价赔偿不能协商一致的,按照下列方法处理:

(1)原物毁损或者灭失发生在最后一次法庭辩论结束前的,执行机构应当告知当事人可通过审判监督程序救济;

(2)原物毁损或者灭失发生在最后一次法庭辩论结束后的,执行机构应当终结执行程序并告知申请执行人可另行起诉。

无法确定原物在最后一次法庭辩论结束前还是结束后毁损或者灭失的,按照前款第二项规定处理。

15.执行机构发现本院作出的生效法律文书执行内容不明确的,应书面征询审判部门的意见。审判部门应在15日内作出书面答复或者裁定予以补正。审判部门未及时答复或者不予答复的,执行机构可层报院长督促审判部门答复。

执行内容不明确的生效法律文书是上级法院作出的,执行法院的执行机构应当层报上级法院执行机构,由上级法院执行机构向审判部门征询意见。审判部门应在15日内作出书面答复或者裁定予以补正。上级法院的审判部门未及时答复或者不予答复的,上级法院执行机构层报院长督促审判部门答复。

执行内容不明确的生效法律文书是其他法院作出的,执行法院的执行机构可以向作出生效法律文书的法院执行机构发函,由该法院执行机构向审判部门征询意见。审判部门应在15日内作出书面答复或者裁定予以补正。审判部门未及时答复或者不予答复的,作出生效法律文书的法院执行机构层报院长督促审判部门答复。

四、财产保全工作

16. 下列财产保全案件一般由立案部门编立“财保”字案号进行审查并作出裁定：

(1)利害关系人在提起诉讼或者申请仲裁前申请财产保全的案件；

(2)当事人在仲裁过程中通过仲裁机构向人民法院提交申请的财产保全案件；

(3)当事人在法律文书生效后进入执行程序前申请财产保全的案件。

当事人在诉讼中申请财产保全的案件，一般由负责审理案件的审判部门沿用诉讼案号进行审查并作出裁定。

当事人在上诉后二审法院立案受理前申请财产保全的案件，由一审法院审判部门审查并作出裁定。

17. 立案、审判部门作出的财产保全裁定，应当及时送交立案部门编立“执保”字案号的执行案件，立案后送交执行。

上级法院可以将财产保全裁定指定下级法院立案执行。

18. 财产保全案件的下列事项，由作出财产保全裁定的部门负责审查：

(1)驳回保全申请；

(2)准予撤回申请、按撤回申请处理；

(3)变更保全担保；

(4)续行保全、解除保全；

(5)准许被保全人根据《最高人民法院关于人民法院办理财产保全案件若干问题的规定》第二十条第一款规定申请自行处分被保全财产；

(6)首先采取查封、扣押、冻结措施的保全法院将被保全财产移送给在先轮候查封、扣押、冻结的执行法院；

(7)当事人或者利害关系人对财产保全裁定不服，申请复议；

(8)对保全内容或者措施需要处理的其他事项。

采取保全措施后，案件进入下一程序的，由有关程序对应的受理部门负责审查前款规定的事项。判决生效后申请执行前进行续行保全的，由作出该判决的审判部门作出续行保全裁定。

19. 实施保全的部门负责执行财产保全案件的下列事项：

(1)实施、续行、解除查封、扣押、冻结措施；

(2)监督被保全人根据《最高人民法院关于人民法院办理财产保全案件若干问题的规定》第二十条第一款规定自行处分被保全财产，并控制相应价款；

(3)其他需要实施的保全措施。

20. 保全措施实施后，实施保全的部门应当及时将财产保全情况通报作出财产保全裁定的部门，并将裁定、协助执行通知书副本等移送入卷。“执保”字案件单独立卷归档。

21. 保全财产不是诉讼争议标的物，案外人基于实体权利对保全裁定或者执行行为不服提出异议的，由负责审查案外人异议的部门根据民事诉讼法第二百二十七条的规定审查该异议。

五、机制运行

22. 各级人民法院可以根据本院机构设置，明确负责立案、审判、执行衔接工作的部门，制定和细化立案、审判、执行工作衔接的有关制度，并结合本院机构设置的特点，建立和完善本院立案、审判、执行工作衔接的长效机制。

23. 审判人员、审判辅助人员在立案、审判、执行等环节中，因故意或者重大过失致使立案、审判、执行工作脱节，导致生效法律文书难以执行的，应当依照有关规定，追究相应责任。

最高人民法院关于深入学习贯彻习近平生态文明思想为新时代生态环境保护提供司法服务和保障的意见

（2018 年 5 月 30 日　法发〔2018〕7 号）

为深入学习贯彻习近平新时代中国特色社会主义思想特别是习近平生态文明思想和党的十九大精神，充分发挥人民法院审判职能作用，为新时代生态环境保护提供更加有力的司法服务和保障，制定如下意见。

一、坚持以习近平生态文明思想指导环境资源审判工作

1. 切实提高政治站位，把习近平生态文明思想贯彻到环境资源审判工作全过程。习近平生态文明思想是习近平新时代中国特色社会主义思想的重要组成部分，指明了新时代推进生态文明建设的方向。加强生态环境保护是建成富强民主文明和谐美丽的社会主义现代化强国的必然要求。各级人民法院要深入学习贯彻习近平生态文明思想，准确把握服务保障新时代生态环境保护的目标任务，切实提高政治站位，增强责任感使命感。要把习近平生态文明思想体现和贯彻到环境资源审判工作全过程，围绕大局、完善思路、谋划发展，全面加强新时代生态环境保护司法服务和保障。

2. 以习近平生态文明思想为指引，树立新时代环境资源司法理念。坚持以人民为中心，不断满足人民群众日益增长的对优美生态环境和公正环境资源司法保障的需求，切实保障人民群众在健康、舒适、优美生态环境中生存发展的权利。坚持人与自然和谐共生，落实节约优先、保护优先、自然恢复为主的方针，通过有效法律手段把生产生活规制在资源环境承载能力范围内，推动实现经济全面发展、社会全面进步、生态全面优化。坚持绿水青山就是金山银山，统筹协调经济社会可持续发展与生态环境保护的关系，找准环境保护、经济发展与人民群众环境权益之间的平衡点，推动经济高质量发展和生态环境高水平保护。坚持山水林田湖草系统保护，统筹考虑自然生态各要素保护需要，探索创新审判执行方式，推动生态环境整体保护、系统修复、区域统筹、综合治理。

3. 用最严格的制度、最严密的法治保护生态环境。用最严格的制度、最严密的法治保护生态环境是习近平生态文明思想的重要内容。各级人民法院要深入学习贯彻习近平生态文明思想对于加强生态环境保护制度建设和法治保障的要求，紧紧围绕“努力让人民群众在每一个司法案件中感受到公平正义”的工作目标，切实贯彻节约资源和保护环境的基本国策，创新体制机制，完善裁判规则，通过专业化的环境资源审判落实最严格的源头保护、损害赔偿和责任追究制度，不断提升新时代生态环境保护的司法服务和保障水平。

二、服务保障污染防治和生态安全保护

4. 助力打好污染防治攻坚战。依法审理大气污染纠纷案件，严惩超标排污造成大气严重污染的违法行为，加大京津冀及周边、长三角、汾渭平原等重点区域的大气污染纠纷案件审理力度，为打赢蓝天保卫战提供坚强司法后盾。依法审理水污染纠纷案件，加大长江、黄河、鄱阳湖、洞庭湖、太湖等重点水域的水污染纠纷案件审理力度，严惩污染饮用水水源地违法行为，推动城市黑臭水体治理，维护水环境和水生态安全。依法审理土壤污染纠纷案件，准确界定土壤污染责任主体，探索多样化责任承担方式，妥善确定污染地治理、修复和再利用方案，维护食品安全和生活环境安全。严厉打击非法转移、倾倒、利用和处置固体废物和垃圾等违法犯罪行为，妥善处理因垃圾焚烧、填埋引发的群体性纠纷，维护优美生活环境。依法审理噪声、振动等引发的环境污染案件，合理认定侵权责任构成要件，保障人民群众宁静生活的权益。

5. 依法保护海洋自然资源与生态环境。依法惩处非法向海洋排放污染物及破坏红树林、珊瑚礁等海洋生态环境的犯罪行为，依法审理涉及海岸工程建设项目、海洋工程建设项目、船舶及有关作业活动污染环境等案件，保护海洋生态环境安全。妥善审理涉及海洋动植物物种引进、海岛资源开发、海水养殖场建设各类案件，以及行政主管部门针对破坏海洋生态、海洋水产资源、海洋保护区等行为提起的海洋生态环境损害赔偿案件，保护海洋生态环境和自然

资源。

6. 全面服务美丽乡村建设。贯彻乡村振兴战略，加大涉及农村人居环境整治案件审理力度。依法严惩污染乡村环境、河道非法采砂、盗伐滥伐林木、非法采矿及破坏性采矿、非法捕捞水产品等违法犯罪行为，探索将环境资源生态价值损失纳入定罪量刑情节。依法审理农业面源污染防治案件，推动生活垃圾、生活污水、畜禽养殖、农业种植等多种污染源集中处置和无害化治理，注重源头预防，改善农村生产、生活、生态环境。妥善审理因退耕还林还草还湿，退牧还草、禁牧轮休、草畜平衡，江河湖海限捕、禁捕等引发的权属、合同、侵权等纠纷案件，推动构建多元化生态补偿机制。依法审理发展乡村生态旅游过程中的合同及侵权纠纷案件，促进优质农业生态产品和服务供给，助力生态宜居的美丽乡村建设。

7. 不断提升生物多样性保护水平。依法惩治非法猎捕、杀害珍贵、濒危野生动物，非法狩猎及非法交易野生动植物制品等违法犯罪行为，维护物种多样性。严厉打击走私国家禁止进口动植物及其制品的违法犯罪行为，防控外来生物入侵。妥善审理环境污染及过度开发利用破坏生物多样性及种群关键栖息地案件，维护生态系统多样性。妥善审理生物多样性保护与生物遗传资源案件，推进濒危野生植物资源原生境保护，有效保护我国生物基因资源库。积极研究生物资源产权保护、有偿使用、综合利用以及生物技术等相关法律问题，推动完善生物多样性保护法律体系。

8. 从严保障生态安全战略布局。配合“两屏三带”国家生态安全战略布局，严守生态保护红线、环境质量底线、资源利用上线，依法审理涉及水源涵养、水土保持、防风固沙、生物多样性维护等重点生态功能区域以及水土流失敏感区、沙漠化敏感区、石漠化敏感区、冻融侵蚀敏感区等生态环境敏感脆弱区域各类案件，坚持源头严防、过程严控、后果严惩，注重生态保护修复，构筑生态安全屏障。

三、服务保障经济高质量发展

9. 推动构建绿色产业结构。妥善审理经济结构和能源政策调整、产能过剩引发的企业改制、整合、破产等案件，依法支持和保障节能环保产业、清洁生产产业、清洁能源产业发展。妥善审理节能、节水、节材和资源综合利用等领域的专利、技术合同、不正当竞争、反垄断等知识产权纠纷，推动市场主体创新发展，促进传统企业向绿色产业转型升级。加强对涉及绿色信贷、绿色债券、绿色保险等金融工具的法律风险和规制研究，为绿色发展领域新类型案件的审理做好知识储备。通过具体案件的审理推动市场主体创新发展，保障重大生态修复工程的实施，增强优质生态产品生产能力，保障经济效益、社会效益、生态效益同步提升。

10. 推动形成绿色生产方式。妥善审理涉及土地、矿产、林业等自然资源开发利用案件,促进生产领域资源物耗减量化及清洁生产,形成全面节约、循环利用的绿色生产方式。依法审理合同能源管理、合同节水管理等节能服务相关案件,推进农业、工业、城镇节水改造,以及矿山企业技术和工艺改造等重点领域的能源节约,提高能源资源利用效率。深入研究用能权、用水权、排污权、碳排放权交易的法律属性、初始分配和交易规则,推动环境资源交易市场制度完善。

11. 推动形成绿色生活方式。妥善审理涉及共享经济、绿色建筑、新能源、新业态等领域环境资源相关案件,推动生产、流通、回收等环节绿色化。加大环境司法宣传力度,发挥典型案件的示范引领作用,培育社会公众的生态环境保护意识,推动全社会形成简约适度、绿色低碳的生活方式。

12. 推动企业积极承担生态环境保护社会责任。妥善处理列入重点生态功能区产业准入负面清单的企业关停并转过程中引发的破产、整合、职工安置等纠纷。鼓励企业开展技术创新和改造,督促上市公司、发债企业、重点排污企业等依法公开环境信息,将环境保护、环境管理要求纳入经营决策机制,自觉履行生态环境保护的主体责任。推动绿色公平营商环境建设,激发企业家诚信经营、节约资源、保护环境的积极性,引导企业积极承担生态环境保护社会责任及生产者延伸责任。

四、服务保障生态文明体制改革

13. 依法审理自然资源资产产权纠纷案件。贯彻生态环境监管体制改革要求,遵循资源公有、物权法定和统一确权登记原则,妥善审理涉及水流、森林、山岭、草原、荒地、滩涂等自然生态空间确权登记案件,依法保障国有资产统一监管机构加强国有自然资源产权保护。妥善审理矿业权审批及颁证、房地征收等行政案件,依法促进落实主体功能区规划,合理控制国土开发空间和强度,促进资源集约利用和有序开发。依法审理涉及海域使用权、矿业权、取水权、养殖权、捕捞权、林业权等自然资源用益物权纠纷,妥善处理司法裁判与行政监管的关系,维护资源开发利用秩序。妥善审理涉及自然资源开发利用的股权转让、承包、合作、出租、抵押等案件,促进自然资源有序利用和流转。

14. 加强环境公益诉讼审判工作。贯彻落实民事诉讼法、行政诉讼法、环境保护法要求,充分发挥环境公益诉讼制度维护国家利益、社会公共利益和公众环境权益功能,督促依法行政,推动完善环境治理体系。依法审理社会组织提起的环境公益诉讼案件,畅通诉讼渠道,保障社会组织公益诉权,完善审理程序和配套机制,引导社会公众有序参与生态环境保护。全面加强检察公益诉讼审判工作,在遵循民事诉讼、行政诉讼基本制度基础上不断完善审理程序和裁判规则,促进依法行政、严格执法,提升国家利益和社会公共利益司法保障水平。推动建立公益诉讼资金的管理、使用、审计监督等制度,确保资金用于受损生态环境修复治理。

15.推进生态环境损害赔偿制度改革。贯彻落实中共中央办公厅、国务院办公厅《生态环境损害赔偿制度改革方案》要求,全面加强生态环境损害赔偿案件审判工作。完善赔偿协议司法确认程序,探索赔偿协议审查与公告制度,保障公众知情权。制定生态环境损害赔偿诉讼与环境公益诉讼衔接规则,推动健全生态环境损害司法鉴定和评估机制。根据赔偿义务人主观过错、经营状况等因素试行分期赔付,探索多样化责任承担方式,研究符合生态环境损害赔偿需要的诉前证据保全、先予执行、执行监督、生态环境修复效果评估等制度,确保生态环境得到及时有效修复。

16.突出重点区域生态环境治理。加强长江经济带生态环境司法保障,坚持共抓大保护、不搞大开发,把修复长江生态环境摆在压倒性位置,充分运用司法手段修复受损生态环境,推动长江流域生态环境质量不断改善,助力长江经济带高质量发展。加强雄安新区规划建设和京津冀协同发展司法保障,妥善审理雄安新区建设中出现的环境资源纠纷案件。加强国家生态文明试验区建设司法保障,精准服务经济绿色发展,探索积累可复制可推广的有益经验。加强国家公园试点司法保障,妥善处理在统一环境准入和退出过程中引发的纠纷,推动构建以国家公园为主体的自然保护地体系,强化大面积自然生态系统原真性、整体性保护。加强国土空间主体功能区规划执行司法保障,立足优化开发、重点开发、限制开发、禁止开发的不同功能定位,确定相应的案件处理思路,推动实现人口与经济合理分布并与环境承载能力相适应。

五、健全完善环境资源审判体制机制

17.完善环境资源专门化审判机制。坚持专业化发展道路,具备条件的高、中级人民法院可以在规定的内设机构总数内,通过单独设置的方式设立环境资源审判机构;尚不具备条件的,可以通过加挂牌子或者在相关审判庭内设立专业化合议庭或专门审判团队负责环境资源审判工作。继续深化法院组织体系改革,探索设立环境资源专业性法院。持续推进环境资源管辖制度改革,探索将跨省级行政区划等重大环境资源案件纳入跨行政区划集中管辖范围,推进跨区域司法协作、全流域协同治理。

18.推动环境资源刑事、民事、行政案件由专门审判机构或者专业审判团队审理。充分发挥环境资源刑事、民事、行政审判合力,探索将环境污染和生态破坏相关刑事案件、环境资源民事案件、以生态环境和自然资源行政主管部门为被告的部分行政案件、环境公益诉讼案件以及生态环境损害赔偿案件等由环境资源专门审判机构或者专业审判团队审理的“二合一”或者“三合一”工作模式，妥善协调当事人应承担的刑事、民事、行政法律责任，促进生态环境的一体保护和修复。

19. 完善环境资源纠纷多元共治体系。保障人民群众对生态环境保护案件的知情权与参与权，贯彻落实人民陪审员法，对于重大环境资源案件和公益诉讼案件依法组成七人合议庭审理，尊重人民陪审员就事实认定问题的表决权。推动完善环境资源纠纷多元化解决机制，发挥行政调解、人民调解、行业调解、仲裁等非诉讼纠纷解决机制的作用。加强与公安机关、检察机关以及环境资源保护行政主管部门之间的证据提取、信息共享和工作协调，推动构建党委领导、政府负责、社会协同、公众参与、法治保障的现代化环境治理体系，协同打好污染防治攻坚战和生态文明建设持久战。

20. 加强环境资源审判国际司法交流合作。树立人类命运共同体理念，推动和引导应对气候变化、节能减排、生物多样性保护等领域国际司法交流合作。拓展环境资源法官国际交流、培训及互访渠道，定期举办环境司法国际论坛，加强环境资源法律比较研究和司法案例信息共享，展示中国生态环境保护和环境司法的发展成就，广泛传播中国环境资源司法理念。积极参与全球环境治理，促进形成公平合理、合作共赢的世界环境保护和可持续发展的司法解决方案，为全球生态文明建设作出积极贡献。

21. 建设专业化环境资源审判队伍。深入学习贯彻习近平新时代中国特色社会主义思想特别是习近平生态文明思想，牢固树立“四个意识”，坚定“四个自信”，着力强化环境资源审判队伍思想政治建设。坚持反腐败无禁区，根据环境资源案件涉及利益重大、主体多元、矛盾尖锐的特点，督促教育干警时刻保持高度警惕、警钟长鸣，严守廉政底线。适应新时代要求，加强环境资源审判专业培训和业务交流，努力打造一支政治强、本领高、作风硬、敢担当的专业化环境资源审判队伍。

附：

2018年5月份报国务院备案并予以登记的地方性法规、自治条例、单行条例和地方政府规章目录

地方性法规

法规名称	公布日期	备案登记编号
天津市住房公积金管理条例(修订)	2017年6月2日	国法备字［2018000646］
河北省种子管理条例	2018年3月29日	国法备字［2018000711］
秦皇岛市制定地方性法规条例	2018年4月2日	国法备字［2018000712］
秦皇岛市物业管理条例	2018年4月3日	国法备字［2018000713］
沧州市城市绿化管理条例	2018年4月3日	国法备字［2018000714］
保定市工业遗产保护与利用条例	2018年4月3日	国法备字［2018000715］
邢台市河道采砂管理条例	2018年4月8日	国法备字［2018000716］
邯郸市村庄建设条例	2018年4月10日	国法备字［2018000717］
邯郸市人大常委会关于废止《邯郸市节约能源条例》的决定	2018年4月12日	国法备字［2018000718］
邯郸市人大常委会关于修改《邯郸市城市绿化条例》等九件地方性法规的决定	2018年4月12日	国法备字［2018000719］
太原市大气污染防治条例	2018年4月3日	国法备字［2018000735］

续表

法规名称	公布日期	备案登记编号
太原市生态环境保护条例	2018 年 4 月 3 日	国法备字［2018000736］
大同市电梯安全条例	2018 年 4 月 8 日	国法备字［2018000738］
阳泉市道路交通安全管理条例	2018 年 4 月 23 日	国法备字［2018000739］
阳泉市城市绿化条例	2018 年 4 月 23 日	国法备字［2018000741］
长治市辛安泉饮用水水源地保护条例	2018 年 4 月 17 日	国法备字［2018000743］
葫芦岛市城市市容和环境卫生管理条例	2017 年 12 月 19 日	国法备字［2018000690］
鞍山市人大常委会关于修改《鞍山市制定地方性法规条例》的决定	2018 年 4 月 12 日	国法备字［2018000702］
鞍山市人大常委会关于修改鞍山市部分地方性法规的决定	2018 年 4 月 12 日	国法备字［2018000703］
丹东市地热水资源保护管理条例	2018 年 2 月 28 日	国法备字［2018000779］
丹东市人大常委会关于修改《丹东鸭绿江口湿地国家级自然保护区管理条例》的决定	2018 年 2 月 28 日	国法备字［2018000781］
黑龙江省人大常委会关于废止和修改《黑龙江省统计监督处罚条例》等72 部地方性法规的决定	2018 年 4 月 26 日	国法备字［2018000784］
黑龙江省人大常委会关于修改《黑龙江丰林国家级自然保护区管理条例》等 5 部地方性法规的决定	2018 年 4 月 26 日	国法备字［2018000785］
黑龙江省人大常委会关于废止《黑龙江省垦区条例》的决定	2018 年 5 月 2 日	国法备字［2018000786］
齐齐哈尔市人民代表大会及其常务委员会立法条例	2018 年 5 月 3 日	国法备字［2018000788］

续表

法规名称	公布日期	备案登记编号
牡丹江市人民代表大会及其常务委员会立法条例	2018 年 5 月 2 日	国法备字［2018000789］
双鸭山市中心城区山体绿线保护管理条例	2018 年 5 月 2 日	国法备字［2018000790］
伊春市人民代表大会及其常务委员会立法条例	2018 年 4 月 26 日	国法备字［2018000791］
鹤岗市人民代表大会及其常务委员会立法条例	2018 年 4 月 26 日	国法备字［2018000792］
黑龙江省人民代表大会常务委员会关于废止《黑龙江省义务兵征集、优待、退役安置条例》和《黑龙江省实施〈中华人民共和国村民委员会组织法〉办法》的决定	2018 年 4 月 26 日	国法备字［2018000793］
江苏省人大常委会关于修改《江苏省大气污染防治条例》等十六件地方性法规的决定	2018 年 3 月 28 日	国法备字［2018000665］
江苏省妇女权益保障条例	2018 年 3 月 28 日	国法备字［2018000666］
南京市人大常委会关于废止《南京市紫金科技人才创业特别社区条例》的决定	2018 年 4 月 4 日	国法备字［2018000667］
徐州市人大常委会关于修改《徐州市制定地方性法规条例》的决定	2018 年 4 月 8 日	国法备字［2018000668］
淮安市制定地方性法规条例	2018 年 4 月 10 日	国法备字［2018000669］
连云港市地方立法条例	2018 年 4 月 8 日	国法备字［2018000670］
杭州市流动人口服务管理规定	2018 年 4 月 16 日	国法备字［2018000770］
杭州市客运出租汽车管理条例（修订）	2018 年 4 月 16 日	国法备字［2018000771］
宁波市居家养老服务条例	2018 年 4 月 28 日	国法备字［2018000772］

续表

法规名称	公布日期	备案登记编号
宁波市广播电视管理条例	2018 年 4 月 28 日	国法备字［2018000773］
温州市电梯安全条例	2018 年 4 月 9 日	国法备字［2018000774］
嘉兴市大运河世界文化遗产保护条例	2018 年 4 月 17 日	国法备字［2018000776］
嘉兴市住房租赁管理若干规定	2018 年 4 月 17 日	国法备字［2018000777］
金华市农村生活垃圾分类管理条例	2018 年 4 月 16 日	国法备字［2018000780］
舟山市城市绿化条例	2018 年 4 月 16 日	国法备字［2018000782］
湖州市电梯使用安全条例	2018 年 4 月 1 日	国法备字［2018000783］
安徽省人大常委会关于修改和废止部分地方性法规的决定	2018 年 4 月 2 日	国法备字［2018000699］
宣纸保护和发展条例	2018 年 4 月 20 日	国法备字［2018000700］
池州市河道采砂管理条例	2018 年 4 月 16 日	国法备字［2018000701］
九江市立法条例	2018 年 4 月 13 日	国法备字［2018000659］
宜春市立法条例	2018 年 4 月 3 日	国法备字［2018000660］
景德镇市御窑厂遗址保护管理条例	2018 年 4 月 10 日	国法备字［2018000661］
萍乡市燃气管理条例	2018 年 4 月 18 日	国法备字［2018000662］
新余市仙女湖水体保护条例	2018 年 4 月 9 日	国法备字［2018000663］

续表

法规名称	公布日期	备案登记编号
抚州市文明行为促进条例	2018 年 4 月 19 日	国法备字［2018000664］
黄石市生态控制线管理条例	2018 年 4 月 27 日	国法备字［2018000755］
广东省人民代表大会常务委员会关于在各地级以上市调整实施《广东省道路运输条例》有关规定的决定	2018 年 3 月 30 日	国法备字［2018000647］
深圳市人民代表大会常务委员会关于阶段性暂停征收欠薪保障费的决定	2018 年 3 月 30 日	国法备字［2018000648］
清远市城市市容和环境卫生管理条例	2017 年 12 月 7 日	国法备字［2018000691］
深圳市人大常委会关于修改《深圳市节约用水条例》的决定	2017 年 12 月 12 日	国法备字［2018000692］
深圳市人大常委会关于修改《深圳市排水条例》的决定	2017 年 12 月 12 日	国法备字［2018000796］
深圳市人大常委会关于修改《深圳市燃气条例》的决定	2017 年 12 月 12 日	国法备字［2018000797］
潮州市黄冈河流域水环境保护条例	2018 年 4 月 10 日	国法备字［2018000720］
惠州市罗浮山风景名胜区条例	2018 年 4 月 9 日	国法备字［2018000721］
湛江市历史建筑保护条例	2018 年 4 月 10 日	国法备字［2018000722］
广州市生活垃圾分类管理条例	2018 年 4 月 16 日	国法备字［2018000746］
广州市停车场条例	2018 年 4 月 20 日	国法备字［2018000748］
东莞市饮用水源水质保护条例	2018 年 4 月 27 日	国法备字［2018000775］
海南省人民代表大会常务委员会关于实施海南省总体规划的决定	2018 年 4 月 3 日	国法备字［2018000651］

续表

法规名称	公布日期	备案登记编号
海南省人大常委会关于修改《海南经济特区林地管理条例》的决定	2018年4月3日	国法备字［2018000652］
海南省人大常委会关于修改《海南省城乡规划条例》的决定	2018年4月3日	国法备字［2018000653］
海南省人民代表大会常务委员会关于加强重要规划控制区规划管理决定	2018年4月3日	国法备字［2018000654］
海南省人大常委会关于修改《海南经济特区土地管理条例》的决定	2018年4月3日	国法备字［2018000709］
海口市电梯安全管理若干规定	2018年4月16日	国法备字［2018000710］
海南省实施《中华人民共和国海域使用管理法》办法修正案(二)	2018年5月15日	国法备字［2018000744］
四川省电信设施建设和保护条例	2018年3月29日	国法备字［2018000725］
四川省人大常委会关于废止《四川省人民代表大会常务委员会关于汶川特大地震中有成员伤亡家庭再生育的决定》的决定	2018年3月29日	国法备字［2018000726］
成都市人大常委会关于废止《成都市著名商标认定和保护规定》的决定	2018年4月3日	国法备字［2018000727］
资阳市立法条例	2018年4月8日	国法备字［2018000729］
遂宁市城市管理条例	2018年4月3日	国法备字［2018000731］
德阳市城市管理条例	2018年4月18日	国法备字［2018000732］
贵州省人大常委会关于修改《贵州省人口与计划生育条例》等地方性法规个别条款的决定	2018年3月30日	国法备字［2018000649］
贵州省人大常委会关于废止《贵州省流动人口服务管理条例》的决定	2018年3月30日	国法备字［2018000650］

续表

法规名称	公布日期	备案登记编号
贵阳市城市轨道交通条例	2018 年 4 月 18 日	国法备字［2018000749］
贵阳市社区戒毒康复条例	2018 年 4 月 18 日	国法备字［2018000750］
遵义市海龙屯保护条例	2018 年 4 月 16 日	国法备字［2018000751］
昭通市城市管理条例	2018 年 4 月 23 日	国法备字［2018000704］
玉溪市森林防火条例	2018 年 4 月 11 日	国法备字［2018000705］
文山壮族苗族自治州人民代表大会及其常务委员会立法条例	2018 年 4 月 25 日	国法备字［2018000706］
临沧市人民代表大会及其常务委员会制定地方性法规条例	2018 年 4 月 23 日	国法备字［2018000707］
昆明市非物质文化遗产保护条例	2018 年 5 月 4 日	国法备字［2018000753］
昆明市道路交通安全条例	2018 年 5 月 4 日	国法备字［2018000754］
安康市烟花爆竹燃放管理条例	2017 年 10 月 30 日	国法备字［2018000724］
甘肃省人大常委会关于废止《甘肃省经纪人管理暂行条例》等 8 件地方性法规的决定	2018 年 3 月 30 日	国法备字［2018000656］
定西市物业管理条例	2017 年 8 月 31 日	国法备字［2018000657］
兰州市城市公共汽车客运管理条例	2017 年 8 月 7 日	国法备字［2018000658］
甘肃省各级人民代表大会常务委员会监督审计查出问题整改工作办法	2017 年 7 月 28 日	国法备字［2018000756］
甘肃省石油勘探开发生态环境保护条例	2017 年 7 月 28 日	国法备字［2018000757］

续表

法规名称	公布日期	备案登记编号
青海省人大常委会关于废止《青海省户外广告管理条例》和《青海省个体工商户和私营企业权益保护条例》的决定	2018 年 3 月 30 日	国法备字［2018000671］
海北藏族自治州人民代表大会及其常务委员会立法程序规定	2018 年 4 月 18 日	国法备字［2018000673］
海南藏族自治州人民代表大会及其常务委员会立法程序规定	2018 年 4 月 18 日	国法备字［2018000674］
果洛藏族自治州人民代表大会及其常务委员会立法程序规定	2018 年 4 月 18 日	国法备字［2018000675］
玉树藏族自治州人民代表大会及其常务委员会立法程序规定	2018 年 4 月 25 日	国法备字［2018000676］
青海省人大常委会关于修改《青海省实施〈中华人民共和国节约能源法〉办法》等十部地方性法规的决定	2018 年 3 月 30 日	国法备字［2018000680］

自治州、自治县的单行条例

条例名称	公布日期	备案登记编号
莫力达瓦达斡尔族自治旗气象灾害防御条例	2017 年 6 月 21 日	国法备字［2018000723］
恩施土家族苗族自治州人大常委会关于修改《恩施土家族苗族自治州星斗山国家级自然保护区管理条例》的决定	2018 年 4 月 9 日	国法备字［2018000708］
乐东黎族自治县城乡容貌和环境卫生管理条例	2018 年 4 月 3 日	国法备字［2018000655］
秀山土家族苗族自治县饮用水水源保护条例	2018 年 5 月 8 日	国法备字［2018000778］
北川羌族自治县立法条例	2018 年 4 月 8 日	国法备字［2018000733］

续表

条例名称	公布日期	备案登记编号
务川仡佬族苗族自治县龙潭古寨保护条例	2018 年 4 月 18 日	国法备字［2018000752］
海北藏族自治州人大常委会关于修改《海北藏族自治州档案管理条例》等五部单行条例的决定	2018 年 4 月 18 日	国法备字［2018000672］
循化撒拉族自治县城镇市容和环境卫生管理条例	2018 年 2 月 2 日	国法备字［2018000677］
海北藏族自治州人民代表大会关于废止《海北藏族自治州矿产资源管理条例》的决定	2018 年 4 月 18 日	国法备字［2018000678］
果洛藏族自治州人民代表大会关于废止《果洛藏族自治州畜禽防疫条例》的决定	2018 年 4 月 25 日	国法备字［2018000679］

地方政府规章

规章名称	公布日期	备案登记编号
北京市人民政府关于修改《北京市行政执法机关移送涉嫌犯罪案件工作办法》的决定	2018 年 4 月 24 日	国法备字［2018000769］
天津市人民政府关于修改和废止部分规章的决定	2018 年 4 月 12 日	国法备字［2018000687］
石家庄市行政规范性文件管理规定	2018 年 4 月 3 日	国法备字［2018000639］
唐山市政府投资建设项目审计监督办法	2018 年 4 月 28 日	国法备字［2018000763］
廊坊市文物保护管理办法	2018 年 4 月 24 日	国法备字［2018000633］
山西省气象设施和气象探测环境保护办法	2018 年 4 月 16 日	国法备字［2018000698］
鞍山市人民政府规章修正案	2017 年 10 月 25 日	国法备字［2018000631］

续表

规章名称	公布日期	备案登记编号
黑龙江省人民政府关于废止、停止执行涉及农垦、森工系统行政管理和办社会职能的省政府规章及有关规定的决定	2018年5月5日	国法备字[2018000693]
上海市行政审批告知承诺管理办法	2018年4月18日	国法备字[2018000634]
上海市人民政府关于废止《上海市著名商标认定和保护办法》的决定	2018年5月16日	国法备字[2018000767]
上海市人民政府规章制定程序规定	2018年5月16日	国法备字[2018000768]
江苏省人民政府关于废止和修改部分省政府规章的决定	2018年5月6日	国法备字[2018000740]
江苏省女职工劳动保护特别规定	2018年5月8日	国法备字[2018000742]
苏州市燃气管理办法	2018年4月23日	国法备字[2018000638]
浙江省市场中介机构管理办法	2018年3月22日	国法备字[2018000640]
浙江省农村住房建设管理办法	2018年3月22日	国法备字[2018000641]
浙江省人民政府地方性法规案和规章制定办法	2018年3月23日	国法备字[2018000642]
杭州市人民政府地方性法规案和规章制定办法	2018年4月11日	国法备字[2018000635]
安徽省基本医疗保险监督管理暂行办法	2018年4月19日	国法备字[2018000645]
淮南市政府性投资工程建设项目管理办法	2018年4月4日	国法备字[2018000686]
福建省人民政府关于废止《福建省著名商标认定、管理和保护办法》的决定	2018年4月27日	国法备字[2018000688]
厦门市人民政府关于废止和修改部分市政府规章的决定	2018年4月26日	国法备字[2018000695]

续表

规章名称	公布日期	备案登记编号
江西省人民政府关于废止《江西省著名商标认定和保护办法》的决定	2018 年 5 月 9 日	国法备字［2018000689］
上饶市道路交通安全管理办法	2018 年 4 月 17 日	国法备字［2018000637］
山东省古树名木保护办法	2018 年 4 月 26 日	国法备字［2018000747］
青岛国际邮轮港区管理暂行办法	2018 年 4 月 13 日	国法备字［2018000694］
咸宁市城市地下综合管廊管理暂行办法	2018 年 4 月 10 日	国法备字［2018000764］
广东省气象灾害防御重点单位气象安全管理办法	2018 年 4 月 12 日	国法备字［2018000636］
深圳市生产经营单位安全生产主体责任规定	2018 年 4 月 17 日	国法备字［2018000632］
汕头经济特区城乡规划管理技术规定	2018 年 4 月 19 日	国法备字［2018000697］
海南省人民政府关于废止《海南省著名商标认定和管理办法》的决定	2018 年 5 月 9 日	国法备字［2018000737］
重庆市政务信息资源共享开放管理办法	2018 年 5 月 5 日	国法备字［2018000765］
资阳市饮用水水源保护管理办法	2018 年 5 月 15 日	国法备字［2018000734］
贵阳市人民政府关于修改《贵阳市新建改建居住区公益性农产品零售网点建设管理暂行办法》的决定	2018 年 3 月 26 日	国法备字［2018000643］
贵阳市人民政府关于修改《贵阳市小客车号牌管理暂行规定》的决定	2018 年 4 月 18 日	国法备字［2018000644］
昆明市居住房屋租赁管理办法	2018 年 3 月 23 日	国法备字［2018000696］
昆明市违法建筑处置办法	2018 年 4 月 28 日	国法备字［2018000745］

续表

规章名称	公布日期	备案登记编号
西宁市生活垃圾分类管理办法	2018 年 4 月 27 日	国法备字［2018000766］
果洛藏族自治州人民政府制定规章程序规定	2017 年 10 月 18 日	国法备字［2018000758］

图书在版编目(CIP)数据

中华人民共和国新法规汇编. 2018年. 第6辑:总第256辑/司法部编. —北京:中国法制出版社,2018. 6

ISBN 978-7-5093-9564-6

Ⅰ. ①中… Ⅱ. ①司… Ⅲ. ①法规-汇编-中国-2018 Ⅳ. ①D920.9

中国版本图书馆CIP数据核字(2018)第141549号

中华人民共和国新法规汇编
ZHONGHUA RENMIN GONGHEGUO XIN FAGUI HUIBIAN
(2018年第6辑)
编者/司法部
经销/新华书店
印刷/三河市紫恒印装有限公司
开本/850毫米×1168毫米 32开 印张/6.625 字数/187千
版次/2018年7月第1版 2018年7月第1次印刷

中国法制出版社出版
书号 ISBN 978-7-5093-9564-6 定价:18.00元

北京西单横二条2号
邮政编码 100031 传真:66031119
网址:http://www.zgfzs.com 编辑部电话:66066621
市场营销部电话:66033393 邮购部电话:66033288
(如有印装质量问题,请与本社印务部联系调换。电话:010-66032926)